Nedjmi
T. Skarrieh
Brana?
Hout el Ameilch
Hout el Amara
(Apamea?)

el Hai

Djanam
Zibleieh
Koubeidan
Afrin

Nifer
Serasoubli
Hout el R
Tesain

Diwanie
Hixisithp

Moureba
Tell Maragda
Oast

Antakiah
Abou Ghannet

Lamloun

Tell Bid
Safani

Djaouach
J. Asaiad
Sonkereh
Akleh
Tell Siff

Moutefik

Semaouah
Karnullah
el Chidr

Copyright © 1955, 1954, 1957, 1946, 1940, 1937, 1936,
1933, 1932, 1931, 1930, 1926 by George S. Clason
Publicado inicialmente nos EUA
Editado mediante acordo com Dutton Signet, uma divisão
da Penguin Books USA Inc.
Copyright da tradução © 1997 by Casa dos Livros Editora LTDA.
Copyright © 2021 Thiago Nigro
All rights reserved.
Título original: *The Richest Man in Babylon*

Todos os direitos desta publicação são reservados à Casa dos Livros Editora LTDA.

Nenhuma parte desta obra pode ser apropriada e estocada em sistema de banco de dados ou processo similar, em qualquer forma ou meio, seja eletrônico, de fotocópia, gravação etc., sem a permissão do detentor do copyright.

Diretora editorial: *Raquel Cozer*

Gerente editorial: *Alice Mello*

Editor: *Ulisses Teixeira*

Produção editorial: *Anna Beatriz Seilhe*

Revisão: *Marina Sant'Ana*

Capa: *Anderson Junqueira*

Imagens de capa: *Babylonia old plan [Oldtime / Alamy Stock Photo]; Hanging Gardens of Babylon, one of the Seven Wonders of the Ancient World [AF Fotografie / Alamy Stock Photo]; Babylonian and Persians. Hand-colored print [North Wind Picture Archives / Alamy Stock Photo]*

Diagramação: *Filigrama*

CIP-Brasil. Catalogação na Publicação
Sindicato Nacional dos Editores de Livros, RJ

Clason, George S., 1874-1957
    O homem mais rico da babilônia / George S. Clason, Thiago Nigro; tradução Luiz Cavalcanti de M. Guerra. – 2. ed. – Rio de Janeiro, RJ: Harper Collins Brasil, 2021.

    Título original: The richest man in babylon
    ISBN 978-65-5511-154-5

    1. Economia 2. Ética nos negócios 3. Finanças 4. Finanças – Administração 5. Riqueza – Aspectos morais e éticos I. Nigro, Thiago. II. Título.

21-62574   CDD – 330.1

Maria Alice Ferreira - Bibliotecária - CRB-8/7964

Os pontos de vista desta obra são de responsabilidade de seu autor, não refletindo necessariamente a posição da HarperCollins Brasil, da HarperCollins Publishers ou de sua equipe editorial.

HarperCollins Brasil é uma marca licenciada à Casa dos Livros Editora LTDA.
Todos os direitos reservados à Casa dos Livros Editora LTDA.
Rua da Quitanda, 86, sala 601A — Centro
Rio de Janeiro, RJ — CEP 20091-005
Tel.: (21) 3175-1030
www.harpercollins.com.br

À nossa frente estende-se o futuro como uma estrada que se perde na distância. Ao longo dela há ambições que queremos realizar... desejos que queremos satisfazer.

Para ver concretizadas essas ambições e desejos, precisamos ser bem-sucedidos em relação ao dinheiro. Use os princípios financeiros apresentados nas páginas que se seguem. Deixe que eles o tirem das dificuldades acarretadas por uma carteira vazia e lhe proporcionem a vida plena e feliz que uma carteira cheia pode tornar possível.

Como a lei da gravidade, esses princípios são universais e imutáveis. Espero que lhe propiciem, como o fizeram para muitos outros, os meios eficazes para uma carteira cheia, uma bela conta bancária e um satisfatório progresso financeiro.

Sumário

8	O autor e seu livro
10	Prefácio do autor
14	Prefácio de Thiago Nigro
22	O homem que desejava ouro
30	O homem mais rico da Babilônia
44	Sete soluções para a falta de dinheiro
66	Encontrando a deusa da boa sorte
82	As cinco leis do ouro
98	O emprestador de dinheiro da Babilônia
114	As muralhas da Babilônia
120	O negociante de camelos da Babilônia
134	As tabuinhas de argila da Babilônia
148	O homem de mais sorte da Babilônia
168	Um esboço histórico da Babilônia

O AUTOR E SEU LIVRO

George Samuel Clason nasceu em Louisiana, Missouri, em 7 de novembro de 1874. Frequentou a University of Nebraska e serviu no exército americano durante a guerra entre a Espanha e os Estados Unidos. Começando uma longa carreira no mundo editorial, fundou a Clason Map Company of Denver, no Colorado, e publicou o primeiro atlas rodoviário dos Estados Unidos e do Canadá. Em 1926, lançou o primeiro de uma série de panfletos sobre economia e sucessos financeiros, usando parábolas ambientadas na antiga Babilônia para ilustrar suas lições. Tais panfletos eram distribuídos em grandes quantidades pelos bancos, companhias de seguros e empregadores, e tornaram-se familiares a milhões de pessoas, o mais famoso sendo *O homem mais rico da Babilônia,* a parábola-título deste livro. Estas "parábolas babilônicas" tornaram-se um clássico moderno entre os livros de autoajuda.

PREFÁCIO DO AUTOR

Nossa prosperidade como nação depende de nossa prosperidade financeira como indivíduos.

Este livro lida com o sucesso de cada um de nós. Sucesso quer dizer realizações como resultado de nossos próprios esforços e aptidões. Uma preparação adequada é a chave para o sucesso. Nossos atos podem não ser tão criteriosos quanto nossos pensamentos. Nosso modo de pensar pode não ser tão judicioso quanto nossa compreensão.

Este livro, que apresenta soluções para a falta de dinheiro, tem sido considerado um guia para o entendimento financeiro. Seu propósito é realmente este: oferecer àqueles que ambicionam o sucesso financeiro um *insight* que os ajudará a ganhar dinheiro, poupá-lo e fazer com seus lucros ainda mais dinheiro.

Nas páginas seguintes voltamos no tempo à Babilônia, o berço onde foram alimentados os princípios básicos de finanças agora reconhecidos e usados no mundo inteiro.

O autor sente-se feliz em estender a seus novos leitores o desejo de que estas páginas possam conter para eles a mesma inspiração para o crescimento da conta bancária, sucessos financeiros estrondosos e a solução de problemas pessoais com o dinheiro tão entusiasticamente relatados por leitores de costa a costa dos Estados Unidos.

A todos os homens de negócios que distribuíram estas narrativas em tão generosas quantidades a amigos, parentes, empregados e associados, o autor aproveita a oportunidade para expressar-lhes sua gratidão. Nenhum respaldo pode ser mais valioso do que o desses homens práticos que apreciaram seus ensinamentos, porque eles, por si mesmos, conseguiram importantes êxitos ao aplicar os princípios verdadeiros que o presente livro defende.

A Babilônia tornou-se a cidade mais opulenta do mundo antigo porque seus cidadãos eram o povo mais rico de sua época. Eles sabiam estimar o valor do dinheiro e praticavam princípios financeiros saudáveis na aquisição de dinheiro e na ideia de poupá-lo e de fazer com que suas economias produzissem mais dinheiro ainda. Conseguiam para si mesmos o que todos nós hoje desejamos... uma renda para o futuro...

G.S.C.

PREFÁCIO DE THIAGO NIGRO

Eu me lembro de quando comecei a investir na Bolsa de Valores, com os meus 18 anos. Na época, ganhei uma grana dos meus pais e fiz o que parecia ser impossível: perdi em uma semana o que eles demoraram anos para construir. Foi naquele momento de decepção que tomei a decisão mais importante da minha vida. Em vez de acreditar que a Bolsa de Valores era um grande cassino, e que era tudo questão de sorte, preferi assumir meus erros e perceber que eu deveria estudar — e muito! — se quisesse prosperar financeiramente.

Mas o que eu quero tirar dessa história é o quanto o mercado financeiro evoluiu desde então. Em 2008, eram cerca de 500 mil investidores no Brasil. Hoje, são mais de 3,3 milhões. Na época, falar de finanças pessoais era um assunto chato. Agora ele é mais do que necessário. Naquele tempo, o conhecimento do mercado financeiro estava na mão de poucos. Atualmente, quase todo esse conteúdo está disponível *de graça* na internet.

Agora a pergunta que fica é: mesmo com essa constante evolução, como pode um livro como este — sobre finanças e investimentos escrito nos anos 1920 —atravessar um século inteiro e chegar aos anos 2020 ainda como uma referência internacional no assunto? A resposta pra isso pode ser justificada pelo efeito Lindy.

Esse termo foi criado em 1964 no restaurante Lindy, lugar conhecido pelos melhores cheesecakes de Nova Iorque. Nesse restaurante, era comum ter apresentações e shows de comédia. E, com o passar dos meses e anos, os mais atentos começaram a reparar que os comediantes mais antigos da casa costumavam permanecer na ativa por mais tempo. Por outro lado, a chance de um novato continuar nos palcos do restaurante era bem baixa. Em resumo: segundo o efeito Lindy, tudo aquilo que sobreviveu por muito tempo tende a continuar existindo por mais tempo.

Quer ver outro exemplo? O meu livro, *Do mil ao milhão*. Ele foi escrito em 2018 e foi o livro mais vendido de 2019 e 2020. Mesmo assim, qual a chance dele continuar sendo um dos livros mais vendidos daqui a cem anos? Por mais que eu queira muito que isso aconteça, a chance é bem baixa. É muito mais provável que *O homem mais rico da Babilônia* continue existindo. Afinal, ele existe há quase um século. Ele se provou no tempo.

Seria injusto, porém, resumir o sucesso desta obra apenas ao seu tempo de publicação. São inúmeros os pontos que contribuem para que este livro continue sendo relevante.

Eu diria que o grande feito do autor é partir de questões complexas e transformá-las em princípios simples. Como educador financeiro, eu reparei que muitas pessoas desejam uma fórmula mágica para investir e enriquecer. Estão a todo momento querendo buscar o fruto em vez das sementes. Mas lembre-se: o fruto é temporário, ele é consumível. Você não consegue produzir um fruto a partir de outro fruto (a não ser que extraia *suas sementes*!).

A pergunta a ser feita não deveria ser "como ficar rico?", mas "quais são os melhores meios e ferramentas para caminhar em direção à riqueza?".

Por isso, reforço a importância deste livro não apresentar uma fórmula mágica (mesmo porque ela não existe). Em vez disso, o autor toma a decisão correta de focar em traduzir — por meio de metáforas claras, exemplos básicos e frases curtas — os comportamentos que, se aplicados corretamente (e com consistência), podem trazer resultados incríveis para quem os absorve.

Para ilustrar esses pontos que levantei, podemos considerar o capítulo "Sete soluções para a falta de dinheiro", o terceiro do livro. As regras são ensinadas por Arkad — o homem mais rico da Babilônia em pessoa — a um grupo de cem homens selecionados pelo rei para que a cidade deixe de sofrer com a pobreza. São regras básicas do mundo das finanças, que podem ser aplicadas em qualquer período da história. São *atemporais*.

A primeira delas ("Comece a fazer seu dinheiro crescer"), parte de algo que deveria ser ensinado nas escolas. Na vida, escutamos que o dinheiro serve para ser gasto. Mas a verdade é só uma: se você não controlar o seu dinheiro, o dinheiro vai te controlar para o resto de sua vida. Então, em vez de guardar o que sobra depois de gastar, comece a gastar depois que você guardar. Ou, como pontuou Arkad, de cada dez moedas que ganhar, guarde *imediatamente* uma para sua reserva.

Mais importante do que a regra é o *princípio* por trás dessa lição. Quando Arkad fala para seus discípulos guardarem 10% do que ganham, essa porcentagem não precisa ser levada ao pé da letra. Essa é uma métrica do livro, mas o princípio dele é, acima de tudo, que é preciso *guardar*. Se conseguir guardar 20%, ótimo. O quanto você guarda é importante, mas *quando* você guarda é ainda mais importante.

Esse ponto me leva a algo que sempre digo: o momento de começar a guardar é *hoje*. Porque o dinheiro que você reserva no presente é muito mais valioso do que aquele que vai começar a guardar daqui a cinco anos. Gosto de provar isso com este exemplo de dois investidores hipotéticos: o primeiro investe, dos 19 aos 26 anos de idade, uma quantia de dois mil reais por ano, e depois não investe mais nenhum centavo até os 65 anos. O segundo começa a investir aos 26 anos e continua até os 65 anos, o mesmo valor anual, de dois mil reais. No primeiro caso, a pessoa investiu durante oito anos. No segundo, durante quarenta.

É comum as pessoas deduzirem que o segundo investidor — o que guardou dinheiro por quarenta anos — terá mais dinheiro ao se aposentar. Mas, se você considerar uma rentabilidade de 10% ao ano, a pessoa que investiu durante oito anos terá mais ou menos um milhão de reais aos 65 anos, enquanto a outra, que investiu durante quarenta anos, vai ter mais ou menos 970 mil reais. Quem investiu durante muito menos tempo terá mais dinheiro só porque começou antes. Ele tem o fator do *tempo* a seu favor.

Arkad continua seus ensinamentos dizendo: "Multiplique seus rendimentos." É um ponto fundamental e que compreendo da seguinte forma: faça seu dinheiro trabalhar por você. Entendo que o autor esteja se referindo à escala. Minha definição de investir em ações, por exemplo, é empreender através de terceiros. Se eu tenho ações, enquanto estou fazendo outra coisa (trabalhando em casa ou realizando uma reunião) tem alguém ganhando dinheiro e distribuindo parte dos lucros para mim no negócio em que investi. Fazer o seu dinheiro multiplicar e trabalhar por você é um movimento-chave para o sucesso financeiro.

Outro dos ensinamentos de Arkad, "Façam do seu lar um investimento lucrativo", pode ganhar uma nova leitura nos dias de hoje, e não falo apenas no sentido de vivermos numa época em que o *home office* se firma no cenário profissional. No livro, o personagem recomenda a todos os homens que tenham o próprio teto para que não precisem pagar a ninguém para viver. Quem acompanha meu trabalho sabe que acredito que comprar uma casa é algo que só vale a pena quando aparece a oportunidade certa (e é preciso saber reconhecer esse momento). Mas eu veria outra maneira de abordar esse ensinamento nos dias de hoje. Pense num espaço comercial. Você aluga esse espaço para abrir um negócio que fica aberto das dez da manhã até as dez da noite. A questão é que você paga um aluguel por 24 horas, mas usa o lugar por apenas doze. Então, o ideal seria pensar em uma maneira de torná-lo produtivo não só no período em que o estabelecimento está aberto, mas no restante do tempo também. Pensando como *princípio*, daria para resumir da seguinte maneira: é preciso pensar sempre em como ser mais eficiente com o que você já tem ou com o que já faz.

"Aumente sua capacidade para ganhar", continua Arkad. Essa é outra das regras que atravessam os tempos. Você pode pegar mil reais e investir em várias aplicações financeiras, ou pode pegar esses mesmos mil reais e investir em conhecimento, com o qual pode se tornar mais produtivo, ganhar mais dinheiro e aplicar mais. O princípio por trás disso é *agregar valor*. Quanto mais valor agregado você tiver, mais poderá cobrar por seu serviço. Todos temos um preço. Quando investe no seu conhecimento, você atinge um nível de excelência que te deixará mais valioso aos olhos do mercado.

Em mais de uma década trabalhando no mercado financeiro, nunca escondi esta verdade: os investimentos podem até acelerar o processo de enriquecimento, mas o que enriquece de fato é *ganhar mais*!

Talvez esteja aí a questão que tornou *O homem mais rico da Babilônia* relevante enquanto outros livros de finanças foram esquecidos. Com seus princípios básicos, com sua aparente simplicidade, este é um livro que te faz refletir. "Assegurem uma renda para o futuro", diz Arkad, e você pensa que isso é algo óbvio. No entanto, muita gente deixa para pensar sobre isso quando já é tarde demais. Essas e muitas outras são reflexões valiosas para quem quer erguer os pilares da riqueza que eu tanto defendo: *gastar bem, investir melhor* e *ganhar mais*.

Depois deste livro, tenho certeza de que aquele conhecimento, que no passado estava nas mãos de poucos, agora pode ser propagado por anos, décadas, séculos e — se depender de mim — para toda a eternidade.

Thiago Nigro

O dinheiro é o meio pelo qual se avalia o sucesso terreno.

O dinheiro torna possível o gozo das melhores coisas que a terra pode oferecer.

O dinheiro é abundante para aqueles que compreendem as leis simples que governam sua aquisição.

O dinheiro é hoje governado pelas mesmas leis que o controlavam quando, há seis mil anos, homens prósperos enchiam as ruas da Babilônia.

O HOMEM QUE DESEJAVA OURO

Bansir, o fabricante de carruagens da Babilônia, achava-se completamente desanimado. Sentado na mureta que cercava sua propriedade, contemplava com tristeza a habitação humilde e a oficina aberta onde se podia ver uma carruagem em fase de acabamento.

De tempos em tempos, a esposa surgia na porta da casa. O olhar furtivo que lhe endereçava nesses momentos lembrava-o de que a despensa estava quase vazia e que ele devia estar trabalhando para terminar o serviço encomendado, martelando aqui, cortando ali, lixando e pintando, esticando o couro para forrar os aros das rodas, em suma, preparando o veículo para a entrega, a fim de que pudesse receber o pagamento de seu rico cliente.

Não obstante, seu corpo robusto e musculoso permanecia apaticamente sobre a mureta. Seu raciocínio lento ocupava-se com um problema cuja resposta não conseguia encontrar. O Sol abrasador, tão comum no vale do Eufrates, castigava-o sem piedade. Gotas de suor formavam-se acima de suas sobrancelhas e pingavam despercebidas para se perderem na mata cerrada de seu peito.

Além de sua casa, erguiam-se as altas muralhas em terrapleno que cercavam o palácio do rei. Próximo, espetando o céu azul, ficava a colorida torre do Templo de Bel. À sombra de tanta grandeza achava-se sua moradia e tantas outras muito menos limpas e bem-cuidadas. A Babilônia era assim — uma mistura de grandeza e miséria, de riqueza ostentatória e mendicidade, tudo convivendo sem plano ou sistema dentro das muralhas protetoras da cidade.

Atrás dele, se apenas tivesse o cuidado de voltar-se e olhar, as barulhentas carruagens do rico passavam aos solavancos e obrigavam a sair do caminho tanto o comerciante de sandálias quanto os mendigos de pés descalços. Até o rico era forçado a buscar a sarjeta para dar passagem às longas filas de escravos carregadores de água, todos a serviço do rei, cada qual transportando pesados sacos de pele de cabra cheios d'água para regar os jardins suspensos.

Bansir achava-se muito absorvido por seu próprio problema para ouvir ou prestar atenção ao confuso burburinho da atarefada cidade. Foi uma repentina sucessão de acordes de uma lira familiar que o arrancou do devaneio. Ele virou a cabeça e deu de cara com o rosto delicado e sorridente de seu melhor amigo — Kobbi, o músico.

— Possam os deuses abençoá-lo com grande generosidade, meu bom amigo — começou Kobbi, numa saudação rebuscada. — Entretanto, parece que já o fizeram, pois não o vejo entregue ao trabalho. Regozijo-me com você por sua boa sorte. Mais ainda, gostaria de partilhar isso com você por favor. Dessa sua bolsa que deve estar abarrotada, pois do contrário você se encontraria na oficina. Me empreste dois humildes siclos, que devolverei logo após o banquete dos nobres esta noite. Você não chegará a sentir a falta deles.

— Se eu tivesse dois siclos — respondeu Bansir, melancolicamente —, não poderia emprestá-los a ninguém, nem mesmo a você, que é o meu melhor amigo; pois eles constituiriam minha fortuna, toda a minha fortuna. Ninguém empresta o único dinheiro que possui, nem mesmo para o melhor amigo.

— O quê?! — exclamou Kobbi, realmente surpreso. — Não tem um único siclo na algibeira, e fica postado como uma estátua sobre esta mureta! Por que não terminou a carruagem? Como pode sustentar o seu raro apetite? Isso não é normal em você, meu amigo. Onde está sua inesgotável energia? Alguma coisa aconteceu? Trouxeram-lhe os deuses algum infortúnio?

— Deve ser mesmo um tormento dos deuses — disse Bansir, concordando. — Tudo começou com um sonho, um sonho sem sentido onde me via como um homem de posses. De meu cinturão pendia um belo saco, pesado de tanta moeda. Dali retirava punhados de siclos, que eu lançava, com uma liberalidade descuidosa, aos mendigos; havia moedas de prata com que eu comprava presentes para minha esposa e o que bem desejasse para mim mesmo; havia moedas de ouro que me tranquilizavam quanto ao futuro e me deixavam sem medo de gastar à vontade as moedas de prata. Uma sensação magnífica de contentamento enchia o meu peito! Você não teria reconhecido o seu velho e diligente amigo. Como não teria reconhecido minha mulher, com suas faces saudavelmente rosadas e sem rugas. Ela era novamente a mocinha sorridente de nossos primeiros anos de casados.

— Um sonho agradável, sem dúvida — comentou Kobbi —, mas por que deveriam essas sensações tão prazerosas deixá-lo apático e deprimido como agora?

— Porque, realmente! Porque, quando acordei e me lembrei de que não tinha um centavo sequer, um sentimento de revolta tomou conta de mim. Vamos conversar um pouco sobre isso, pois, como dizem os marinheiros, estamos no mesmo barco, nós dois. Quando meninos, fomos juntos aos sacerdotes do Templo buscar sabedoria. Na juventude, divertimo-nos um bocado. Como homens feitos, mantivemo-nos amigos íntimos. Temos sido de algum modo súditos conformados. Temos nos contentado em trabalhar longas horas e gastar nossos ganhos livremente. Conseguimos muito dinheiro nos últimos anos, mas só em sonhos poderíamos conhecer as alegrias decorrentes da riqueza. Ora! Não passamos de duas ovelhinhas pacatas! Vivemos na mais rica cidade do mundo. Os viajantes costumam dizer que nenhuma outra se iguala a ela em prosperidade. Tanta ostentação de riqueza nas nossas barbas, mas nós mesmos ficamos a ver navios. Depois de praticamente meia existência de trabalho árduo, meu melhor amigo se acha sem um níquel e me procura para dizer: "Não poderia me emprestar a bagatela de dois siclos até o término do banquete dos nobres esta noite?" E o que respondo? Digo, por acaso: "Aqui está minha bolsa, dividirei com você todos os siclos que aí se encontram?" Não, simplesmente admito que minha bolsa está tão vazia quanto a sua. Mas o que há? Por que não podemos obter prata e ouro — mais do que apenas o necessário para o sustento do lar?

"Pense também em nossos filhos", continuou Bansir, "não estão seguindo o caminho dos pais? Tem cabimento que eles e suas famílias, e os filhos e as famílias de seus filhos, passem a vida inteira no meio de tantos guardadores de ouro e, apesar disso, exatamente como nós, contentem-se com mingau e leite de cabra azedos?"

Kobbi estava perplexo:

— Em todos esses anos de amizade nunca o vi falando desse modo, Bansir.

— Porque, na verdade, nunca tinha pensado assim. Desde as primeiras luzes da manhã e até que o escuro da noite me fizesse largar as ferramentas, trabalhei duro para montar as mais finas carruagens que um homem pode fazer, esperando credulamente que um dia os deuses reconheceriam o valor de minhas obras e me recompensariam por isso com a maior prosperidade. Pois nunca o fizeram. Finalmente, convenci-me de que nunca o farão. É esse o motivo da tristeza que rói o meu peito. Quero ser um homem de posses. Quero ter minha própria terra e animais para criar, quero ter roupas finas e dinheiro, muito dinheiro. Estou disposto a trabalhar com toda a força de meus músculos, com toda a perícia de minhas mãos, com todo o tirocínio de minha mente, mas quero que os frutos de meu trabalho sejam fartos. Qual é o problema com a gente? É o que volto a lhe perguntar! Por que não podemos ter o nosso justo quinhão das coisas boas, tão abundantes naqueles que têm ouro suficiente para comprá-las?

— Quem dera tivesse uma resposta! — replicou Kobbi. — Sinto-me tão pouco satisfeito quanto você. Meus ganhos com a lira se vão rapidamente. Muitas vezes tenho que inventar para que a família não passe fome. Além disso, venho há muito alimentando o profundo desejo de adquirir uma lira grande o bastante para que possa verdadeiramente tocar os acordes musicais que se multiplicam em minha mente. Com um instrumento assim, eu poderia compor músicas melhores do que aquelas que o rei ouviu até o momento.

— Com uma lira que você, sem qualquer favor, deveria ter. Nenhum homem em toda a Babilônia poderia fazê-la vibrar mais docemente; a tal ponto que não apenas o rei, mas os próprios deuses ficariam deliciados. Como, porém, conseguir tal coisa, se nós dois somos tão pobres quanto os escravos do rei? Ouça o sino! Aí vêm eles.

Bansir apontou na direção da longa fila de semidespidos e suarentos carregadores de água que subiam penosamente a rua, vindo do rio. Arrastavam-se em alas de cinco, cada qual vergado sob um pesado odre de pele de cabra.

— Um belo tipo de homem, aquele que os está conduzindo. — Kobbi indicou o tocador do sino, que ia na frente, sem carregar nada. — Um homem importante em seu próprio país, como se pode ver.

— Há muitos bons tipos ali — acrescentou Bansir, concordando com o amigo —, homens tão bons quanto nós. Homens altos e louros do norte, os risonhos negros do sul, os morenos dos países mais próximos. Todos marchando juntos do rio até os jardins, um após outro, dia após dia, ano após ano. Nenhuma expectativa quanto a um futuro diferente ou melhor. Camas de palha para dormir e papas terríveis de cereais para comer. Coitados desses pobres brutos, Kobbi!

— Coitados, realmente. Mas você me faz ver que não somos muito melhores do que isso, embora nos consideremos homens livres.

— É verdade, Kobbi, por mais desagradável que seja a ideia. Não queremos continuar levando ano após ano uma vida de escravos. Trabalho, trabalho, trabalho! Sem ir a lugar nenhum.

— Não podemos descobrir como outros conseguem ouro e fazermos como eles? — perguntou Kobbi.

— Talvez haja algum segredo que devamos buscar junto àqueles que o conhecem — replicou Bansir, pensativo.

— Ainda hoje — lembrou Kobbi — passei por nosso velho amigo, Arkad, refestelado em sua carruagem dourada. Devo dizer que ele não me olhou com o desprezo que muitos de sua posição teriam achado perfeitamente cabível. Ao contrário, acenando com a mão na frente de todos os circunstantes, saudou e concedeu seu sorriso de amizade a este Kobbi, o músico.

— Ele é considerado o homem mais rico de toda a Babilônia — refletiu Bansir.

— Tão rico que o próprio rei, segundo se diz, busca sua valiosa ajuda para os negócios do tesouro — replicou Kobbi.

— Tão rico — acrescentou Bansir — que, se o encontrasse casualmente numa noite escura, seria capaz de enfiar minha mão em sua gorda algibeira.

— Tolice — reprovou Kobbi —, a riqueza de um homem não se acha na bolsa que ele carrega. Uma bolsa gorda fica logo vazia se não houver um constante fluxo de ouro. Arkad tem rendimentos que conservam suas reservas sempre altas, por maior que seja a liberalidade com que gasta dinheiro.

— Rendimentos: essa é a questão — exclamou Bansir. — Quero ter uma renda fluindo continuamente para minha bolsa, esteja eu sentado sobre a mureta ou viajando por terras distantes. Arkad deve saber como um homem pode criar uma renda para si mesmo. Supõe que se trate de alguma coisa que ele poderia deixar claro para uma mente tão lenta como a minha?

— Parece-me que ele transmitiu seus conhecimentos ao filho, Nomasir — respondeu Kobbi. — Este não foi para Nínive e, como se comenta na estalagem, não se tornou, sem a ajuda do pai, um dos homens mais ricos da cidade?

— Kobbi, você acaba de me propiciar um raro pensamento. — Um brilho novo surgiu nos olhos de Bansir. — Não custa nada buscar conselho junto a um bom amigo, e Arkad sempre se mostrou como tal para nós dois. Pouco importa que nossa bolsa esteja tão vazia como o ninho de um falcão abandonado há um ano. Não deixemos que isso nos detenha. Estamos fartos de não ter ouro no meio de tanta opulência. Queremos tornar-nos homens de posses. Vamos, vamos procurar Arkad e perguntar-lhe como também nós podemos adquirir uma renda para nós mesmos.

— Você parece verdadeiramente inspirado, Bansir. Está me trazendo uma nova compreensão. E me faz perceber por que nunca encontramos ouro. Nós nunca o procuramos. Você trabalhou pacientemente para construir as mais sólidas carruagens da Babilônia. Para tal propósito devotou seus melhores esforços. Nisso, até que teve êxito. Eu mesmo fiz os maiores esforços para tornar-me um virtuose da lira. E nisso eu também tive êxito.

— Nas coisas em que aplicamos nossos melhores esforços tivemos êxito. Os deuses parecem satisfeitos com que continuemos assim. Agora, finalmente, vemos uma luz, brilhante como os raios do Sol nascente. Ela nos indica que devemos aprender mais para prosperar mais. Com um novo entendimento, acharemos caminhos dignos para cumprir nossos desejos.

— Vamos hoje mesmo à procura de Arkad — insistiu Bansir. — Busquemos igualmente outros amigos de infância que não tiveram maior sucesso que nós mesmos, para que compartilhem conosco as mesmas lições.

— Está sempre pensando nos outros, Bansir. É por isso que tem tantos amigos. Será como você diz. Pois vamos hoje mesmo e os levemos conosco.

O HOMEM MAIS RICO DA BABILÔNIA

Era uma vez, na antiga Babilônia, um homem muito rico chamado Arkad. Conhecido em toda a parte devido a uma imensa riqueza, tornara-se igualmente famoso pela liberalidade. Mostrava-se generoso com os mais necessitados e com a família, sendo um homem pródigo em suas próprias despesas. Entretanto, a cada dia sua riqueza crescia mais rapidamente do que podia gastá-la.

Certa vez, alguns amigos da juventude foram até ele, dizendo-lhe:

— Você, Arkad, é mais venturoso do que nós. Você se tornou o homem mais rico de toda a Babilônia, enquanto nós lutamos para sobreviver. Pode usar as mais finas roupas e degustar as mais requintadas iguarias, enquanto nós devemos nos dar por satisfeitos se apenas propiciamos à família uma indumentária decente ou a alimentamos da melhor maneira possível.

"Contudo, alguma vez fomos iguais. Tivemos o mesmo professor, participamos das mesmas brincadeiras, e nem nos estudos nem nas brincadeiras você se sobressaiu mais do que nós. E nos anos que se seguiram você foi um cidadão tão honrado quanto nós.

"Tampouco trabalhou mais duro ou mais assiduamente, pelo menos até onde sabemos. Por que então deveria o caprichoso destino escolhê-lo para gozar de todas as boas coisas da vida e ignorar-nos, a nós que igualmente somos merecedores?"

Após o que Arkad protestou, dizendo:

— Se vocês não adquiriram mais do que uma pobre existência desde os tempos em que éramos jovens, isso se deve a que não conseguiram aprender ou não observaram as leis que governam a acumulação de riqueza.

"O 'voluntarioso Destino' é um deus cheio de malícia, que não assegura um bem duradouro para ninguém. Ao contrário, ele traz ruína para quase todo homem sobre quem faz chover ouro não conquistado. Ele produz os gastadores libertinos, que logo dissipam tudo o que recebem e se deixam dominar pelos mais extravagantes apetites, que nem sempre podem satisfazer. Outros ainda, a quem esse caprichoso deus favorece, tornam-se avarentos e entesouram sua riqueza, temendo despender o que têm por saberem que não são capazes de repô-lo. São além disso assediados pelo medo de roubo e acabam construindo para si mesmos uma vida de necessidades e secreta tristeza.

"Há provavelmente outros que conseguem dinheiro fácil e o aumentam, sem deixar de se sentirem felizes e abastados cidadãos. Mas são tão poucos que só sei deles por ouvir dizer. Pensem nessas pessoas que de repente se viram herdando uma riqueza e confiram se as coisas não se passam assim."

Os amigos admitiram que a respeito dos conhecidos que tinham herdado uma fortuna aquelas palavras eram realmente verdadeiras e suplicaram-lhe que explicasse a eles como tinha conseguido juntar tantos bens.

— Ainda em plena juventude — continuou Arkad —, eu olhava em minha volta e observava todas aquelas boas coisas capazes de propiciar felicidade e contentamento. Percebi então que a riqueza aumentava ainda mais a potência delas.

"A riqueza é um poder. Com a riqueza, muitas coisas se tornam possíveis.

"Este pode embelezar sua casa com os móveis mais refinados.

"Aquele pode viajar pelos mares distantes.

"Esse outro pode regalar-se com as finas iguarias de terras longínquas.

"Outro mais pode comprar ornamentos lavrados em ouro ou cravejados de pedras preciosas.

"Pode-se mandar construir templos magníficos para os deuses.

"É possível, enfim, fazer todas essas coisas e muitas outras, onde sempre haverá deleite para os sentidos e gratificação para a alma.

"E, quando percebi tudo isso, declarei a mim mesmo que reivindicaria o meu quinhão entre as boas coisas da vida. Não seria nenhum desses que se mantêm a distância, observando invejosamente os prazeres do outro. Não me contentaria em vestir roupas baratas que parecem respeitáveis. Não me daria por satisfeito com a parte que cabe a um homem pobre. Ao contrário, faria de mim mesmo um conviva nesse banquete de boas coisas.

"Sendo, como sabem, filho de um humilde comerciante, membro de uma grande família sem qualquer expectativa de herança, e não me achando dotado, como me disseram vocês com tanta franqueza, de poderes superiores ou talentos especiais, decidi que, se realmente quisesse conseguir tudo o que desejava, precisaria basicamente de tempo e estudo.

"Todos os homens têm tempo em abundância. Cada um de vocês vem deixando escapar tempo suficiente para tornar-se rico. E ainda, como admitem, não têm nada para apresentar senão suas boas famílias, de que, aliás, podem com justiça orgulhar-se.

"Quanto ao estudo, nosso sábio professor não nos ensinou que o aprendizado consistia em dois tipos: o primeiro cuidando das coisas que aprendíamos e sabíamos, o outro baseando-se na prática que nos ajuda a encontrar aquilo que não conhecemos?

"Assim, resolvi que iria investigar como alguém consegue acumular riqueza e, quando descobrisse, tornar tal coisa minha própria tarefa e realizá-la bem. Pois não é justo que devamos gozar enquanto permanecemos sob a brilhante luz do Sol, compensando os sofrimentos que teremos de enfrentar quando partirmos para a escuridão do mundo do espírito?

"Empreguei-me como escriba na sala de registros e todos os dias trabalhei horas sem conta sobre as tabuinhas de argila. Semana após semana, mês após mês, dei um duro danado sem que os meus vencimentos dessem mostras de crescer. Comida, roupa, os compromissos para com os deuses, além de outras coisas de que já não consigo lembrar-me, consumiam tudo o que eu ganhava. Mas minha determinação continuou de pé.

"E um dia Algamish, o homem que empresta dinheiro, veio até a administração da cidade e solicitou uma cópia da Nona Lei, dizendo-me: 'Preciso disso em dois dias; se me entregar as cópias no prazo, pode contar com duas moedas de cobre pelo serviço.'

"Trabalhei arduamente, mas o texto da lei era muito comprido, e quando Algamish voltou eu ainda não tinha terminado a transcrição. Ele ficou uma fera e teria me dado uma boa surra se eu fosse seu escravo. Sabendo, porém, que não lhe era permitido agredir-me no prédio da administração, não senti qualquer medo e disse-lhe: 'Algamish, você é um homem realmente rico. Diga-me como posso também tornar-me rico, e prometo-lhe que passarei a noite em claro entalhando as tabuinhas. Assim que o Sol nascer, estarão prontas.'

"Ele sorriu e respondeu-me: 'Você é um belo tratante, mas vamos considerar isso uma transação.'

"Gravei durante toda a noite, embora minhas costas doessem e o cheiro de óleo queimado do candeeiro fizesse minha cabeça latejar a ponto de deixar-me os olhos em frangalhos. Mas quando ele voltou, em plena alvorada, as tabuinhas estavam prontas.

"'Agora', disse-lhe, 'cumpra sua promessa.'

"'Você fez a sua parte em nossa transação, meu filho', disse-me ele com benevolência, 'e estou pronto para fazer a minha. Vou lhe falar das coisas que deseja saber porque estou envelhecendo, chegando à idade em que já não se consegue segurar a língua. E quando a juventude busca o conselho dos mais velhos, ela recebe a sabedoria dos anos. Muito frequentemente, porém, a juventude pensa que o idoso detém apenas a experiência dos dias que se foram e por isso não a aproveita. Lembre-se que o Sol que brilha hoje é o Sol que brilhou quando seu pai nasceu e que continuará brilhando quando seu último neto tiver passado para o mundo dos mortos.'

"'Os pensamentos da juventude', continuou ele, 'são luzes resplandecentes que brilham como meteoros que muitas vezes tornam o céu reluzente, mas a experiência dos mais velhos assemelha-se a estrelas fixas que, sem mudar de lugar, auxiliam o marinheiro a orientar o seu curso.'

"'Guarde bem minhas palavras, pois do contrário deixará de assimilar a verdade do que lhe contarei e pensará ter sido em vão todo o trabalho que teve durante essa noite.'

"Então ele me olhou com perspicácia por baixo das peludas sobrancelhas e disse num tom lento e enérgico: 'Achei o caminho para a riqueza quando decidi que *conservaria comigo uma parte de tudo que ganhasse*. E assim fará você.'

"E continuou me olhando com uma insistência que parecia ir ao fundo de minha alma, mas não disse mais nada.

"'É tudo?', perguntei.

"'Foi o suficiente para transformar o coração de um pastor de ovelhas no coração de um emprestador de dinheiro', replicou ele.

"'Mas *tudo* o que ganho não vem mesmo para o meu bolso?', perguntei.

"'Nada mais falso', respondeu ele. 'Você não paga pelas roupas e pelas sandálias que usa? Não paga pelas coisas que come? Consegue viver na Babilônia sem fazer despesas? O que tem para apresentar do que recebeu no mês passado? E de tudo quanto ganhou no último ano? Louco! Você paga a todo mundo, menos a si mesmo. Idiota, está trabalhando para os outros. Bem melhor do que isso faz o escravo, que trabalha para o seu dono em troca de roupa e comida. Se guardasse para si mesmo um décimo de tudo o que ganha, quanto teria dentro de dez anos?'

"Meu conhecimento dos números não me desamparou, e respondi: 'Ora, o equivalente a um ano de trabalho.'

"'Pois está dizendo apenas meia verdade', retorquiu ele. 'Cada moeda de ouro que economizar é um escravo que pode trabalhar para você. Cada cobre que essa moeda produzir torna-se um filho apto a levantar mais fundos. Se quiser tornar-se rico, então tudo o que você economizar deve ser utilizado no sentido de proporcionar-lhe toda a abundância por que anseia.'

"'Você pensa que o estou ludibriando por sua longa noite de trabalho', continuou ele, 'mas em minhas palavras há uma fortuna, se for suficientemente inteligente para perceber a verdade que acabo de pôr em suas mãos.'

"'Uma parte de tudo o que ganha pertence exclusivamente a você. No mínimo, um décimo, mesmo nas ocasiões em que tiver recebido pouco dinheiro. Pode ser mais, de acordo com o que produzir. Pague a si mesmo primeiro. Não compre ao fazedor de roupas ou ao fazedor de sandálias mais do que possa pagar com o restante, devendo ainda separar o bastante para alimentar-se, ajudar o próximo e pôr em dia as obrigações com os deuses.'

"'A riqueza, como uma árvore, cresce a partir de uma simples semente. A primeira moeda de cobre que economizar será a semente a partir da qual sua árvore da riqueza crescerá. Quanto mais cedo plantá-la, mais cedo a árvore crescerá. E quanto mais fielmente alimentar e regar essa árvore com economias constantes, logo chegará o dia em que poderá abrigar-se em pleno contentamento embaixo de sua sombra.'

"Tendo dito isso, pegou suas tabuinhas e foi embora.

"Pensei muito a respeito do que ele me dissera, e suas palavras me pareceram razoáveis. Assim, decidi fazer a experiência. Sempre que recebia um pagamento, tirava e guardava uma em cada dez moedas de cobre. E, estranho como possa parecer, não fiquei mais desprovido de fundos do que antes. Percebi pequena diferença quando comecei a me arranjar sem isso, mas frequentemente me via tentado, à medida que minha reserva crescia, a utilizá-la para adquirir as boas coisas que os mercadores ofereciam, objetos trazidos por camelos e navios da terra dos fenícios. Prudentemente, porém, consegui refrear o impulso.

"Doze meses se tinham passado quando Algamish voltou a me procurar, dizendo-me: 'E então, meu filho, pagou a si mesmo não menos de um décimo sobre tudo quanto ganhou no ano passado?'

"Respondi todo orgulhoso: 'Sem dúvida, mestre, foi exatamente o que fiz.'

"'Ótimo', comentou, abrindo um largo sorriso para mim, 'e o que fez com essa reserva?'

"'Entreguei-a a Azmur, o oleiro, que me disse estar viajando pelos mares distantes e que em Tiro compraria para mim joias valiosíssimas, só encontradas na Fenícia. Quando voltar, poderemos vendê-las a preço bem mais alto e dividiremos os lucros.'

"'Bem, os loucos precisam mesmo aprender', rosnou ele, 'mas por que confiar nos conhecimentos de um oleiro sobre joias? Você procuraria o padeiro para colher informações sobre as estrelas? Não, por minha túnica, iria até um astrólogo, se pelo menos tivesse cabeça para pensar. Suas economias se foram, meu jovem, você arrancou sua árvore da riqueza pelas raízes. Contudo, plante outra. Tente novamente. E da próxima vez em que precisar de conselhos sobre joias, corra até um ourives. Se quiser conhecer a fundo as ovelhas, procure o pastor que cuida delas. Conselho é uma coisa que se dá de graça, mas deve guardar consigo apenas o que lhe parece valioso. Aquele que aceita conselhos sobre suas economias de pessoas inexperientes em tais matérias pagará com essas mesmas economias para provar a falsidade da opinião dos outros.' Dizendo isso, Algamish partiu.

"E aconteceu realmente como ele tinha previsto. Pois os fenícios são salafrários e venderam a Azmur pedaços de vidro sem valor que pareciam pedras preciosas. Mas, seguindo as palavras de Algamish, voltei a economizar, mesmo porque já tinha formado o hábito e isso não constituía para mim nenhuma dificuldade.

"Mais uma vez, 12 meses depois, Algamish apareceu na sala dos escribas e dirigiu-se a mim. 'Que progressos andou fazendo desde a última vez em que nos vimos?'

"'Paguei a mim mesmo religiosamente', respondi, 'e confiei minhas economias a Aggar, o fazedor de escudos, para comprar bronze. A cada quatro meses ele me paga uma parte dos lucros.'

"'Ótimo. E o que tem feito com esse dinheiro extra?'

"'Dei uma festa com mel, vinho e iguarias de primeira. E comprei também uma túnica escarlate. Qualquer dia desses devo comprar um burrico para os meus deslocamentos.'

"Algamish não disfarçou o riso: 'Você está comendo os filhos de suas economias. Como pode esperar que trabalhem para você? Como eles mesmos poderão ter filhos que venham a produzir mais renda para você? Primeiro reúna um exército de escravos dourados, e só então poderá refestelar-se com banquetes ricos sem sentir remorsos.' E, assim dizendo, partiu novamente.

"Não voltei a vê-lo durante dois anos, até que reapareceu, o rosto sulcado pelas rugas, os olhos visivelmente cansados, pois ele se achava então numa idade bastante avançada. Disse-me: 'Arkad, conseguiu afinal obter a riqueza com que sonhava tanto?'

"Respondi-lhe: 'Ainda não tudo que desejo, mas já tenho alguma coisa que rende muito bons lucros, que, por sua vez, fazem outro tanto.'

"'E você ainda busca o conselho dos oleiros?'

"'Bem, o que eles dizem sobre como fabricar tijolos é realmente muito bom', retorqui.

"'Arkad', continuou ele, 'você aprendeu bem suas lições. Aprendeu primeiro a viver com menos do que podia ganhar. Depois aprendeu a aconselhar-se junto àqueles cuja competência deriva de suas próprias experiências. E, finalmente, aprendeu a fazer o ouro trabalhar para você.'

"'Você ensinou a si mesmo como adquirir dinheiro, poupá-lo e usá-lo. Reuniu, portanto, condições para ocupar uma posição de confiança. Estou me tornando muito velho. Meus filhos só pensam em gastar e não dão a menor importância aos ganhos. Meus negócios são grandes, e até grandes demais para que eu possa cuidar de tudo. Se você concordar em ir para Nippur, a fim de tomar conta das terras que possuo na região, torná-lo-ei meu sócio, e você participará de meu testamento.'

"Assim, fui para Nippur e comecei a administrar suas propriedades, que eram imensas. E como estivesse cheio de ambição e dominasse as três leis que nos ensinam a lidar de maneira exitosa com a riqueza, tive condições de aumentar ainda mais o valor de seus bens. Prosperei muito e, quando o espírito de Algamish partiu para a esfera da escuridão, vi-me como um beneficiário legalmente reconhecido de sua herança."

Assim falou Arkad, e, quando terminou sua narrativa, um dos amigos ali reunidos disse:

— Você inclusive deu a sorte de que Algamish o tivesse nomeado um de seus herdeiros.

— Minha sorte limita-se ao fato de que desejava prosperar antes de tê-lo encontrado pela primeira vez. Não tive que provar durante quatro anos minha determinação de propósito, reservando para mim mesmo um décimo de tudo que auferia? Você chamaria de sortudo o pescador que, tendo passado anos estudando os hábitos dos peixes, por uma simples mudança do vento soubesse onde jogar sua rede? A oportunidade é uma deusa desdenhosa que não perde tempo com os que não estão preparados.

— Você teve uma tremenda força de vontade em continuar poupando depois de ter perdido as economias do primeiro ano. Nisso, foi extraordinário — disse um outro.

— Força de vontade! — retorquiu Arkad. — Bobagem. Você acredita que a força de vontade seja capaz de dar a um homem energia suficiente para erguer um peso que o camelo não pode carregar ou puxar uma carroça que os próprios bois não conseguem levar adiante? A força de vontade não passa de um propósito inflexível para dar conta de uma tarefa a que você mesmo se obrigou. Se eu determinar para mim mesmo uma tarefa, por mais boba que seja, terei de levá-la a cabo. Como poderia de outro modo ter confiança em mim para fazer coisas importantes? Se me dissesse: "Durante cem dias, quando eu cruzar a ponte na cidade, apanharei uma pedra do chão e a jogarei dentro do rio", eu o faria. Se no sétimo dia passasse por ali sem me lembrar da resolução tomada, não diria: "Amanhã jogarei duas pedras em vez de uma." Ao contrário, voltaria e atiraria a pedra ao rio. Tampouco seria capaz de me dizer lá pelo vigésimo dia: "Arkad, isso não tem utilidade alguma. Que proveito tem para você atirar uma pedra ao rio todos os dias? Arremesse logo um bom número delas e acabe com isso." Não, também não conseguiria pensar desse modo. Quando me decido por uma tarefa, vou até o fim. Consequentemente, tomo muito cuidado para não começar tarefas difíceis e impraticáveis, porque tenho meu conforto íntimo em alta conta.

— Se o que diz é verdadeiro — aparteou um terceiro interlocutor —, e parece, como afirmou, razoável, sendo tão simples, se todos os homens o fizessem não haveria bastante riqueza para todos.

— A riqueza cresce onde quer que os homens empreguem energia — replicou Arkad. — Se um homem rico constrói um novo palácio para si, o ouro despendido vai embora? Não. O oleiro, o operário e o arquiteto participam desse ouro. E quem quer que trabalhe na obra participa dele. Mesmo depois de construído, o palácio não vale tudo quanto custou? E o terreno sobre o qual se ergue não passa a valer mais pelo próprio fato de abrigá-lo? E os terrenos circunvizinhos não se tornam igualmente valorizados? A riqueza cresce através de meios mágicos. Ninguém pode estabelecer um limite para isso. Não construíram os fenícios grandes cidades em costas inóspitas com a riqueza proveniente de seus navios mercantes?

— O que poderia nos aconselhar para que também nós nos tornemos ricos? — perguntou outro amigo. — Os anos passaram, não somos mais jovens e não guardamos nada.

— Aconselho-os a fazer uso da sabedoria de Algamish e dizer a si mesmos: *"Uma parte de tudo o que eu ganhar pertence a mim"*. Digam isso pela manhã assim que acordarem, à tarde, à noite, em todas as horas do dia. Digam isso a si mesmos até que as palavras se transformem em letras de fogo gravadas no céu.

"Impregnem-se com a ideia. Ocupem toda a alma com esse pensamento. E assimilem tudo que lhes pareça sábio. Separem não menos de um décimo e economizem. Façam todas as despesas necessárias, mas poupem primeiro essa pequena cota. Cedo vão experimentar a deliciosa sensação de um tesouro cuja posse cada um de vocês tem legitimamente condições de reivindicar. Quanto mais ele crescer, mais se verão estimulados. Vibrarão com uma nova alegria de viver. Encararão a possibilidade de maiores esforços para ganharem mais. Pois não estarão reservando, sobre os lucros maiores, a mesma percentagem?

"Aprendam portanto a fazer com que seu tesouro trabalhe para vocês. Tornem-no seu escravo. Façam filhos dele e os filhos dos filhos dele trabalharem para vocês.

"Assegurem uma renda para o futuro. Olhem para os mais idosos e não esqueçam que dia virá em que também vocês estarão velhos. Por isso, invistam seu tesouro com toda a cautela do mundo. Taxas usurárias de retorno são sereias enganosas, que cantam, naturalmente, mas para lançar o incauto contra as rochas do desperdício e do remorso.

"Providenciem para que sua família não deseje que os deuses os chamem para o reino deles. É sempre possível garantir tal proteção com pequenos pagamentos a intervalos regulares. Por isso, o homem previdente não perde tempo esperando que apareça uma grande soma, a fim de utilizá-la em tão prudente propósito.

"Busquem o conselho dos homens sábios. Procurem informar-se com pessoas cujo trabalho cotidiano é o manuseio do dinheiro. Deixem que elas os protejam de erros como os que eu mesmo cometi ao entregar minhas economias a Azmur, o oleiro. Um retorno pequeno e certo é uma coisa mais desejável que o risco.

"Aproveitem a vida enquanto estiverem aqui. Não exagerem nem tentem economizar demais. Se um décimo de tudo que ganharem é o que vocês podem confortavelmente poupar, contentem-se com essa porção. Por outro lado, vivam de acordo com suas rendas e não sejam sovinas nem temerosos ao gastar. A vida é boa e rica com coisas que valham a pena e causem prazer."

Seus amigos agradeceram-lhe por aquelas palavras e se foram. Alguns mantiveram-se em silêncio, porque não tinham imaginação e não podiam entender. Outros mostraram-se sarcásticos, porque pensavam que um homem tão rico deveria compartilhar sua fortuna com velhos amigos menos afortunados. Um terceiro grupo, entretanto, parecia ter nos olhos uma nova luz. Perceberam que Algamish tinha voltado regularmente à sala dos escribas, porque estava observando um homem que por seus próprios esforços saía da escuridão para a luz. Quando esse homem achou a luz, um lugar esperava por ele. Ninguém podia ocupar esse lugar sem que pelos próprios esforços chegasse à compreensão, ou seja, até que estivesse pronto para a oportunidade.

Os integrantes desse terceiro grupo foram os únicos que, nos anos que se seguiram, continuaram visitando Arkad, que os recebia cheio de contentamento. Reunia-se com eles e transmitia-lhes de bom grado sua sabedoria, como gostam sempre de fazer os homens de grande experiência. E assistia-os quanto a investirem suas economias naquilo que trouxesse lucros com segurança, evitando que apostassem em negócios que não rendessem dividendos.

O momento decisivo na vida desses homens ocorreu quando compreenderam a verdade que tinha passado de Algamish para Arkad e de Arkad para eles.

> *Uma parte de todos os seus ganhos*
> *pertence exclusivamente a você*

SETE SOLUÇÕES PARA A FALTA DE DINHEIRO

A glória da Babilônia permanece. Através dos tempos, sua reputação chega até nós como a mais rica das cidades, e seus tesouros como fabulosos.

Mas nem sempre tinha sido assim. As riquezas da Babilônia foram o resultado da sabedoria de seu povo. Os habitantes primeiro tiveram que aprender a se tornar prósperos.

Quando o bom rei Sargon voltou à Babilônia depois de ter derrotado seus inimigos, os elamitas, viu-se confrontado com uma séria situação. O chanceler real explicou-lhe o que estava se passando:

— Depois de muitos anos da grande prosperidade trazida a nosso povo porque Sua Majestade mandou construir os grandes canais de irrigação e os suntuosos templos para nossos deuses, agora que tais obras se acham prontas, o povo parece incapaz de garantir sua própria sobrevivência.

"Os trabalhadores estão desempregados. Os comerciantes contam com poucos fregueses. Os fazendeiros não conseguem vender suas colheitas. O povo em geral não tem dinheiro para comprar comida."

— Mas onde foi parar todo o ouro que gastei nessas benfeitorias? perguntou o rei.

— Temo que se encontre no bolso de alguns poucos homens ricos de nossa cidade — respondeu o chanceler. — Escorreu pelos dedos da maioria das pessoas tão rapidamente quanto o leite das cabras pelo coador. Agora que o fluxo de ouro cessou, o grosso da população não tem nada para apresentar dos seus ganhos.

O rei ficou pensativo por algum momento, depois perguntou:

— Por que deveriam tão poucos homens ser capazes de adquirir todo o ouro?

— Porque sabem como fazê-lo — replicou o chanceler. — Não se pode condenar um homem por ter sabido atrair o êxito. Tampouco se pode com justiça tirar de um homem que construiu honestamente sua fortuna para dividir com outros que não tiveram tal capacidade.

— Mas por que — insistiu o rei — não deveria todo o povo aprender a acumular riqueza e, consequentemente, tornar a si mesmo rico e próspero?

— Até que seria possível, Majestade. Mas quem pode ensinar-lhes? Certamente não os sacerdotes, já que nada conhecem a respeito de ganhar dinheiro.

— Quem, chanceler, em nossa cidade é o mais bem-preparado nessas questões de fazer fortuna? — inquiriu o rei.

— Eis uma pergunta que já traz embutida a própria resposta, Majestade. Quem acumulou a maior riqueza em toda a Babilônia?

— Muito bem dito, chanceler. Trata-se de Arkad. Ele é o homem mais rico da Babilônia. Traga-o até o palácio amanhã cedo.

No dia seguinte, como o rei havia determinado, Arkad apresentou-se diante dele lépido e fagueiro, a despeito de seus setenta anos de idade.

— Arkad — disse o rei —, é verdade que você é o homem mais rico da Babilônia?

— É o que se costuma dizer, Majestade, sem que ninguém tenha aparecido para contestá-lo.

— Como se tornou tão rico?

— Aproveitando as oportunidades disponíveis a todos os cidadãos de nossa boa cidade.

— Mas naturalmente começou com alguma coisa...

— Somente com o desejo de ser rico. Além disso, mais nada.

— Arkad — continuou o rei —, nossa cidade encontra-se numa péssima situação, porque alguns poucos sabem como ganhar dinheiro e, consequentemente, monopolizam-no, enquanto a massa dos cidadãos não sabe guardar sequer uma parte do que recebem.

"É meu desejo que a Babilônia seja a cidade mais rica do mundo. Precisa portanto ser uma cidade de muitos homens ricos. Assim, temos de ensinar a todas as pessoas como adquirir riqueza. Diga-me, Arkad, existe algum segredo para isso? Trata-se de algo que possa ser ensinado?"

— Naturalmente, Majestade. Tudo o que um homem conhece pode ser ensinado a outros.

Os olhos do rei brilharam.

— Arkad, você acaba de pronunciar as palavras que eu queria ouvir. E se você mesmo se incumbisse dessa nobre causa? Não gostaria de formar com seus conhecimentos uma escola de professores, cada um dos quais educaria outros até que tivéssemos um quadro amplo o bastante para levar essas verdades a todos os súditos honestos de meu reino?

Arkad inclinou-se e disse:

— Sou um humilde servo a suas ordens. Darei de bom grado todo o conhecimento que possuo pelo aperfeiçoamento de meus semelhantes e pela glória de meu rei. Faça com que seu bom chanceler me arrume uma turma de cem homens e lhes ensinarei essas sete soluções que acabaram por resolver todas as minhas questões de dinheiro, quando, talvez, no início, não houvesse em toda a Babilônia um cidadão mais atrapalhado do que eu.

Duas semanas depois, de acordo com as ordens do rei, os cem escolhidos reuniram-se no grande saguão do Templo do Saber, sentados em semicírculo, formando fileiras multicoloridas. À frente deles achava-se Arkad, ocupando um tamborete acima do qual ardia um candeeiro sagrado, origem do forte e agradável aroma que se espalhava pela sala.

— Veja, o cidadão mais rico da Babilônia — murmurou um estudante, cutucando um vizinho quando Arkad se levantou. — Não passa de um homem como qualquer um de nós.

— Como um respeitoso súdito de nosso grande rei — começou Arkad —, encontro-me diante de vocês a serviço dele. Considerando que alguma vez fui um pobre jovem que alimentava o forte desejo de adquirir ouro e que, nessa busca, acumulou conhecimentos que o capacitaram a isso, ele determinou que eu viesse até aqui para transmitir a vocês tudo que aprendi.

"Comecei minha fortuna de modo bastante humilde. Não tinha maior vantagem do que aquela de que todos vocês e qualquer outro cidadão da Babilônia dispõem.

"O primeiro depósito de meu tesouro foi uma bolsa já gasta pelo uso. Eu detestava vê-la imprestavelmente vazia. Queria que estivesse gorda e repleta, tilintando ao som do ouro. Por isso, busquei todos os remédios possíveis para conseguir uma bolsa cheia. Achei sete.

"Assim, explicarei aos que se acham reunidos nesta sala as sete soluções para a falta de dinheiro, que recomendo a todos aqueles que anseiam por bastante ouro. Consagrarei cada um dos dias da semana a um desses remédios.

"Ouçam atentamente tudo quanto lhes disser. Debatam o assunto comigo. Discutam-no entre vocês mesmos. Aprendam meticulosamente estas lições, para que também possam plantar em suas próprias bolsas a semente da riqueza. Primeiro cada um de vocês deverá sabiamente construir a própria fortuna. Quando tiverem acumulado competência suficiente para isso, estarão aptos a passar adiante tais verdades.

"Ensinar-lhes-ei meios simples para engordar a própria bolsa. Esse é o primeiro degrau que conduz ao templo da riqueza, aonde ninguém pode chegar se não tiver condições de pôr firmemente os pés nesse primeiro degrau.

"Consideremos agora a primeira solução."

A primeira solução
Comece a fazer seu dinheiro crescer

Arkad dirigiu-se a um homem pensativo na segunda fila.

— Meu bom amigo, qual é o seu ofício?

— Sou escriba — respondeu o homem —, gravo registros sobre tabuinhas de argila.

— A profissão em que eu mesmo ganhei minhas primeiras moedas de cobre. Consequentemente, você tem a mesma oportunidade para construir uma fortuna.

Descobriu em seguida um participante de rosto corado, um pouco mais atrás.

— Conte-nos, por favor, o que faz para ganhar seu pão.

— Sou açougueiro — respondeu ele. — Compro cabras a seus criadores, abato-as, vendo a carne para as donas de casa e o couro para os fazedores de sandálias.

— Uma vez que trabalha e ganha regularmente o seu dinheiro, você tem as mesmas condições que tive de ser bem-sucedido.

E assim procedeu Arkad com todos os presentes, a fim de saber de que modo cada um deles conseguia o próprio sustento. Terminada a inquirição, disse:

— Assim, caros discípulos, podemos ver que existem muitos negócios e ocupações cujo exercício confere às pessoas a oportunidade de obter seus ganhos. Cada uma dessas maneiras de remuneração é uma torrente de ouro da qual o trabalhador pode desviar uma porção para sua própria reserva. Assim, na bolsa de cada um de vocês há um fluxo maior ou menor de moedas, de acordo com a capacidade de cada qual. Concordam com isso?

Todos concordaram.

— Portanto — continuou Arkad —, se cada um de vocês quiser construir uma fortuna, não será uma atitude inteligente começar usando essa fonte de riqueza que já consolidaram?

A concordância foi ainda geral.

O homem mais rico da Babilônia voltou-se então para um homem humilde que tinha afirmado ser um vendedor de ovos.

— Se você separar um de seus cestos e nele colocar toda manhã dez ovos, daí tirando toda noite nove ovos, o que acontecerá finalmente?

— Com o tempo ele transbordará.

— Por quê?

— Porque a cada dia coloco ali sempre mais um ovo do que a quantidade que eu tiro.

Arkad voltou-se para a turma, sorrindo.

— Todos os homens por aqui se acham em dificuldades financeiras?

Primeiro os participantes ficaram olhando. Depois riram. Finalmente agitaram, divertidos, os pequenos bornais nos quais costumavam carregar suas moedas.

— Muito bem — continuou ele —, agora vou comunicar-lhes o primeiro remédio que aprendi para solucionar o problema da falta de dinheiro. Façam exatamente como sugeri ao vendedor de ovos. *Para cada dez moedas que colocarem em suas bolsas, não retirem para uso próprio mais do que nove. A bolsa começará a ficar estufada, e seu peso cada vez maior será uma fonte de prazer para as suas mãos e uma fonte de bem-estar para as almas.*

"Não zombem do que eu digo por causa de sua simplicidade. A verdade é sempre simples. Disse que lhes contaria como construí minha fortuna. Foi esse o meu começo. Eu andava invariavelmente quebrado e detestava isso porque não podia satisfazer meus desejos. Mas, desde que comecei a retirar de minha bolsa não mais de nove cotas das dez que ali depositava, ela começou a engordar. O mesmo acontecerá com vocês.

"Agora lhes falarei de uma estranha verdade cuja razão desconheço. Quando deixei de desembolsar mais do que nove décimos de meus ganhos, iniciei minha carreira de êxitos. Não fiquei mais desprevenido do que antes. Ao contrário, as moedas começaram a aparecer com maior frequência. Certamente é uma lei dos deuses que, para aquele que poupa e não gasta uma determinada parte de seus ganhos, o dinheiro virá mais facilmente. De modo curioso, ele costuma evitar aquele cuja bolsa se mantém sistematicamente vazia.

"Qual pode ser o maior anseio de vocês? A satisfação dos desejos de cada dia, uma joia, um adorno, melhores roupas, mais comida? Coisas que rapidamente se vão e são esquecidas? Ou, pelo contrário, sonhariam com bens mais estáveis — ouro, terras, rebanhos, mercadorias —, investimentos que trazem bons lucros? As moedas que vocês usam no dia a dia concedem aqueles primeiros desejos. As que vocês guardam, os segundos.

"Esta, meus discípulos, foi a primeira solução que descobri para a minha falta de dinheiro: *'Em cada dez moedas conseguidas de qualquer fonte, não gastem mais do que nove'*. Debatam o assunto entre vocês. Se alguém puder provar que isso não é verdade, conversaremos a respeito amanhã quando estivermos juntos de novo."

A segunda solução
Controlem seus gastos

No segundo dia, Arkad dirigiu-se à assembleia nos seguintes termos:

— Alguns dos participantes, meus discípulos, fizeram-me a seguinte pergunta: "Como pode um cidadão guardar um décimo de todos os seus ganhos, se em geral seus vencimentos mal dão para as despesas necessárias?" Pois bem, ontem, quantos de vocês achavam-se com pouco dinheiro?

— Todos nós — respondeu a turma.

— Entretanto, as pessoas aqui não recebem todas a mesma coisa. Naturalmente, umas ganham mais do que outras. Algumas têm famílias maiores para sustentar. Apesar disso, todas estão igualmente desprevenidas. Gostaria portanto de lhes falar sobre uma extraordinária verdade a respeito dos homens e de seus filhos. O que costumamos chamar de "despesas necessárias" sempre crescerá para tornar-se igual a nossos rendimentos, a menos que façamos alguma coisa para inverter essa tendência.

"Não confundam despesas necessárias com desejos. Cada um de vocês, e suas boas famílias, têm mais desejos do que seus ganhos podem satisfazer. Consequentemente, tudo quanto recebem é despendido para aplacar tais desejos à medida que eles surgem. E ainda assim restam muitos outros que não chegam a ser saciados.

"Na verdade, todos os homens têm mais desejos do que podem satisfazer. Acham que posso cumprir todos os meus sonhos porque sou rico? Trata-se de uma falsa ideia. Há limites para o meu tempo. Há limites para a minha energia. Há limites para a extensão de minhas viagens. Há limites para o que consumo à mesa de refeições. Há limites para os prazeres de minha vida.

"Garanto-lhes que, do mesmo modo como as ervas daninhas crescem num campo em que o fazendeiro deixa espaço para suas raízes, assim também os desejos crescem livremente no coração do homem capaz de saciá-los. Os desejos são uma multidão, mas aqueles que cada um de vocês pode satisfazer reduzem-se a um punhado.

"Examinem cuidadosamente seu modo habitual de viver. Tenho absoluta certeza de que se defrontarão com alguns gastos que podem ser tranquilamente reduzidos ou eliminados. Acatem como uma verdadeira divisa a noção de reservar 10% do valor estimado sobre cada moeda que sai.

"Portanto, gravem na argila cada uma das coisas passíveis de despesa. Selecionem as necessárias, além de outras cujo custo não ultrapasse nove décimos de seus rendimentos. Cancelem o resto e considerem-no apenas uma parte dessa grande multidão de desejos que não podem ser satisfeitos. Não sintam remorsos por isso.

"Façam um orçamento para as despesas imprescindíveis. Não toquem naquele décimo que está engordando sua bolsa. Encarem o crescimento de suas economias como um belo propósito de vida. Procurem trabalhar com o orçamento estabelecido, procurem ajustá-lo de modo que funcione em seu favor. Busquem torná-lo um colaborador na defesa de suas crescentes reservas."

Nesse momento um dos estudantes, usando uma roupa vermelha e dourada, levantou-se e disse:

— Sou um homem livre. Acredito ser meu direito gozar as boas coisas da vida. Por isso, rebelo-me contra a submissão a um orçamento que determina exatamente quanto devo gastar e em quê. Acho que isso eliminaria muitos prazeres de minha vida, tornando-me não muito melhor que um burro de carga.

— Quem, meu amigo — replicou Arkad —, determinaria o seu orçamento?

— Eu mesmo o faria — respondeu o homem que protestava.

— Se um burro de carga fizesse seu próprio orçamento, teria incluído nele joias, mantos e pesadas barras de ouro? Claro que não. Ele não precisaria senão de feno, grãos e um saco de água para atravessar o deserto.

"O propósito de um orçamento é ajudá-los a juntar dinheiro. Uma maneira de garantir que vocês consigam o necessário e, na medida em que se mostrem acessíveis, seus outros desejos. É capacitá-los a perceber seus mais profundos anseios, defendendo-os contra aquisições meramente casuais. Como uma luz brilhando numa caverna escura, o orçamento deixa a descoberto os vazamentos em suas bolsas, dando-lhes condições de estancá-los e destinar as despesas a propósitos definidos e gratificantes.

"Esta é, portanto, a segunda solução para a falta de dinheiro. *Façam o orçamento de suas despesas de modo que possam ter dinheiro para pagar pelo que é necessário, pelos prazeres e para satisfazer seus mais valiosos desejos sem despender mais do que nove décimos de seus ganhos.*"

A terceira solução
Multipliquem seus rendimentos

Assim dirigiu-se Arkad aos alunos no terceiro dia:

— Vejam como o dinheiro está começando a entrar. Vocês se disciplinaram para reservar um décimo de todos os seus ganhos. Controlaram as despesas para proteger o tesouro crescente. Devemos agora considerar os meios para pôr esse tesouro para trabalhar e crescer. Ter dinheiro guardado é gratificante e pode alegrar uma alma avarenta, mas isso não leva a nada. A quantia que podemos separar de nossas diversas fontes de remuneração não passa de um começo. Seus ganhos, sim, é que construirão nossas fortunas.

"Como podemos pôr nosso dinheiro para trabalhar? Meu primeiro investimento foi uma desgraça, pois perdi tudo. Mais tarde lhes contarei essa história. Meu primeiro investimento lucrativo foi um empréstimo que concedi a Aggar, o fabricante de escudos. Uma vez por ano ele comprava grandes carregamentos de bronze trazidos através dos mares para serem empregados em seu negócio. Não dispondo de suficiente capital para pagar aos mercadores, era obrigado a pedir emprestado àqueles que tinham um dinheiro extra. Era um homem honrado. Pagava o empréstimo, além de uma generosa taxa, à medida que vendia os escudos.

"Sempre que atendia às suas solicitações, emprestava-lhe igualmente a renda acumulada das primeiras transações. Assim, não só meu capital cresceu, como os próprios ganhos de Aggar se tornaram maiores. Como era gratificante ter todas essas somas de volta!

"Disse-lhes, meus discípulos, que a riqueza de um homem não deve ser aquilatada pelas moedas que ele consegue juntar; ela se acha, sim, nos lucros que essa soma pode produzir, a torrente de ouro que flui continuamente para dentro de suas bolsas, conservando-as sempre bojudas. É afinal o que todo homem deseja, o que cada um dos presentes deseja — uma renda que não cesse de crescer, estejam vocês trabalhando ou viajando.

"Adquiri uma grande renda. Tão grande que me consideram um homem extremamente rico. Meus empréstimos a Aggar foram o meu primeiro treinamento em investimento lucrativo. Ganhando em sabedoria com essa experiência, ampliei o círculo de clientes e os investimentos quando meu capital aumentou. De poucas fontes no início, de muitas outras depois, desaguou em minha bolsa uma torrente dourada de riqueza que eu podia usar como bem entendesse.

"Como veem, a partir de meus modestos ganhos gerei uma reserva de escravos dourados, cada qual labutando para produzir mais ouro. Como trabalhavam para mim, seus filhos também o faziam, e os filhos dos filhos, até que dessa concentração de esforços surgiu uma bela renda.

"O ouro cresce rapidamente quando se fazem ganhos razoáveis, como poderão ver pelo seguinte exemplo: quando nasceu o primeiro filho de um fazendeiro, ele entregou dez moedas de prata a um emprestador de dinheiro e pediu-lhe que as fizesse render para o filho até que este completasse vinte anos. O homem concordou, estabelecendo que a soma renderia juros de um quarto de seu valor a cada quatro anos. O fazendeiro então solicitou, já que se tratava de um dinheiro que tinha separado exclusivamente para o filho, que os juros fossem incorporados ao principal.

"Quando o rapaz completou vinte anos, seu pai procurou novamente o emprestador de dinheiro para perguntar-lhe pela prata. O homem explicou-lhe que, como a soma tinha crescido à razão de juros compostos, as dez moedas de prata originais tinham aumentado para trinta moedas e meia.

"O fazendeiro ficou bastante satisfeito e, como seu filho ainda não precisasse do dinheiro, deixou-o com o emprestador. Quando o filho completou cinquenta anos, tendo o pai a essa altura passado para o outro mundo, o banqueiro pagou ao filho, para liquidar o compromisso, 167 moedas de prata.

"Assim, em cinquenta anos, o investimento multiplicou-se quase setenta vezes.

"Portanto, aqui está a terceira solução para a falta de dinheiro: *Pôr cada moeda para trabalhar de modo que possa reproduzir-se como algodão nos campos e trazer-lhes lucro, um rio de riqueza fluindo constantemente para dentro de suas bolsas.*"

A quarta solução
Proteja seu tesouro contra a perda

Assim falou Arkad para a sua turma no quarto dia:

— O infortúnio ama uma brilhante marca. O dinheiro que o homem poupa deve ser guardado com firmeza, do contrário corre o risco de perder-se. Logo, é prudente aprendermos a manusear e proteger pequenos montantes antes que os deuses nos confiem maiores somas.

"Todo aquele que possui ouro guardado costuma ser induzido, na esperança de conseguir grandes somas, a fazer investimentos nos mais plausíveis projetos. Com bastante frequência, amigos e parentes estão avidamente interessados nisso e incentivam-no a realizá-los.

"O primeiro princípio saudável de um investimento é a segurança do capital aplicado, ou seja, o principal. É prudente cobiçar altos ganhos quando o principal corre perigo? Claro que não. O castigo pelo risco é a provável perda. Estudem cuidadosamente, antes de fazerem uso de seu tesouro, cada promessa de que ele possa ser recuperado com segurança. Não se deixem enganar pelo romântico desejo de fazer fortuna rapidamente.

"Antes de emprestá-lo a quem quer que seja, certifiquem-se da capacidade do beneficiário em devolvê-lo e de sua reputação como bom pagador, para que não estejam, inadvertidamente, fazendo um presente de algo tão arduamente conquistado.

"Antes de destiná-lo a um investimento em qualquer campo de negócios, acautelem-se contra todos os perigos possíveis.

"Meu primeiro investimento foi uma tragédia. Depositei minhas economias de todo um ano nas mãos do oleiro Azmur, que na época viajava por mares distantes e me propusera comprar junto aos fenícios em Tiro joias da mais alta qualidade. Quando voltasse, nós as venderíamos e dividiríamos os lucros. Os fenícios comportaram-se como salafrários e venderam-lhe pedaços de vidro. Meu tesouro se perdeu. Hoje minha experiência teria me mostrado imediatamente a tolice de confiar a um oleiro a tarefa de comprar joias.

"Por isso acho-me à vontade para aconselhar-lhes: não confiem demasiadamente em seus próprios conhecimentos, porque podem estar destinando seus tesouros a investimentos perigosos. Procurem antes de tudo a opinião em geral correta das pessoas acostumadas com negócios e lucros. Tais conselhos são dados de graça e chegam a ter um valor equivalente à soma que desejam investir. Na verdade, um valor bem real, já que podem evitar que vocês percam o dinheiro aplicado.

"Esta é, portanto, a quarta solução para a falta de dinheiro, e de grande importância, pois previne que suas economias vão por água abaixo depois de terem crescido tanto. *Protejam seus tesouros contra a perda, investindo onde o principal esteja a salvo, onde possa ser reivindicado sempre que o desejarem e onde fique claro para vocês que vão realmente conseguir uma bela renda. Consultem homens experimentados. Sigam a opinião daqueles que lidam habitualmente com dinheiro. Deixem que o tirocínio deles proteja seus tesouros contra os investimentos de alto risco.*"

A quinta solução
Façam do lar um investimento lucrativo

No quinto dia de aula, Arkad falou assim para os alunos:

— Se um homem separar nove partes dos seus ganhos para com elas viver e gozar a vida e se ainda alguma delas puder ser empregada num investimento lucrativo sem prejuízo de seu bem-estar, então seus tesouros crescerão rapidamente.

"A maioria dos babilônios mora muito mal com suas famílias. Pagam aluguéis abusivos a rigorosos proprietários em troca de aposentos onde suas mulheres não têm sequer um cantinho para plantar as flores que tanto alegram seus corações, enquanto os filhos não podem brincar senão nas passagens escuras.

"Nenhuma família pode gozar plenamente a vida a menos que tenha um pedaço de chão onde as crianças possam brincar ao Sol e a esposa possa plantar não somente árvores frutíferas, mas também verduras para alimentar os seus.

"Que homem não se sentiria feliz em poder comer os figos de suas próprias figueiras e as uvas de suas próprias videiras? Todo homem deve ter o seu próprio domicílio, com um pedaço de chão disponível para cuidar e sentir orgulho, dar confiança ao coração e maior ânimo a todos os seus esforços. Por isso, recomendo a todos os homens que tenham seu próprio teto, a fim de contar com um abrigo para si e para os seus.

"Ter o seu próprio lar não se acha além da capacidade de um homem bem-intencionado. Nosso rei não estendeu tanto as muralhas da cidade que existem, atualmente, muitas terras não usadas e que podem ser adquiridas por quantias bem razoáveis?

"Posso lhes assegurar, meus discípulos, que os emprestadores de dinheiro veem com bons olhos os desejos do homem que procura um lar e um pedaço de terra para a família. Poderão conseguir facilmente o empréstimo para contratar o fabricante de tijolos e o construtor, se tiverem condições de apresentar uma parte razoável da soma necessária para tão louvável propósito.

"Quando a casa estiver pronta, poderão pagar ao emprestador de dinheiro com a mesma regularidade com que anteriormente acertavam seus aluguéis. Como cada pagamento irá paulatinamente reduzindo a dívida com o emprestador de dinheiro, em poucos anos não estarão devendo mais nada a ele.

"Seus corações se sentirão então felizes, porque estarão legitimamente na posse de um bem estável e valioso, cuja única despesa serão os impostos reais.

"Suas boas esposas irão mais frequentemente ao rio lavar a roupa, trazendo de cada vez um saco de pele de cabra com água para regar as plantações.

"Assim, muitas bênçãos recaem sobre o homem que tem sua própria casa. E isso reduz em muito suas despesas, permitindo que uma parte maior de seus ganhos seja destinada aos prazeres e à satisfação dos desejos. E aí está a quinta solução para a falta de dinheiro: *Tenha o seu próprio lar.*"

A sexta solução
Assegurem uma renda para o futuro

Arkad começou a sexta aula com estas palavras:

— A existência de todo homem vai da infância à velhice. Esse é o caminho da vida, e nenhum homem pode desviar-se dele a menos que os deuses o chamem prematuramente para o mundo do além. Por isso digo-lhes que *cabe a todo homem providenciar uma renda condizente para os dias futuros, quando ele não for mais jovem, e providenciar que a família não fique na penúria, quando já não puder contar com ele para o seu conforto e sustento.* Esta lição lhes ensinará a prover uma bela reserva para quando o próprio tempo os tiver tornado menos capazes de aprender.

"O homem que, em virtude de sua compreensão das leis da riqueza, adquire crescentes lucros acumulados deve ter o pensamento voltado para os dias futuros. Deve planejar certos investimentos ou provisão que dure com segurança por muitos anos, que estarão disponíveis quando chegar o tempo que ele tão prudentemente previu.

"Um homem pode prover-se com segurança para o futuro de diversas maneiras. Pode buscar um esconderijo e ali enterrar o seu tesouro. Mas, por maiores que sejam os cuidados para ocultá-lo, corre o risco de tornar-se uma festa para os ladrões. Trata-se, portanto, de algo que não recomendo a ninguém.

"Pode comprar casas e terras para esse propósito. Se prudentemente escolhidas em função de sua utilidade e valor futuros, permanecerão valorizadas, com possibilidade de ótimos rendimentos e até de encontrar excelentes compradores, se for o caso de vendê-las.

"Pode confiar uma pequena soma ao emprestador de dinheiro e aumentá-la em períodos regulares. Os juros que o emprestador acrescenta ao capital logo o tornarão maior. Conheço um fazedor de sandálias, chamado Ansan, que me contou um dia desses que todas as semanas, durante oito anos, confiou a seu emprestador de dinheiro duas moedas de prata. O homem fez recentemente um cálculo que deixou o fazedor de sandálias na maior felicidade. O total de seus pequenos depósitos mais os rendimentos à taxa ordinária de um quarto de seu valor a cada quatro anos atinge atualmente a soma de 1.040 moedas de prata.

"De bom grado encorajei-o a não parar de investir, demonstrando-lhe, através de meus conhecimentos dos números, que em 12 anos, desde que desse sequência a essa economia de não mais que duas moedas de prata a cada semana, o emprestador de dinheiro lhe devolveria quatro mil moedas de prata, uma soma que o deixaria tranquilo para o restante da vida.

"Com certeza, quando um pagamento tão pequeno, feito com regularidade, produz resultados tão lucrativos, só podemos concluir que *nenhum homem pode deixar de assegurar um tesouro para sua velhice e a proteção da família, não importa quão prósperos venham se mostrando seus negócios e investimentos.*

"Gostaria de poder falar mais sobre isso. Em meu espírito permanece a crença de que algum dia homens de tirocínio descobrirão uma maneira de o cidadão assegurar-se contra a morte através de pequenos depósitos regulares, assim propiciando uma bela soma à família depois que tivesse de passar para o outro mundo. Vejo isso como algo desejável, digno da mais alta recomendação. Mas hoje ainda não é possível porque não haveria homem ou sócio com uma duração de vida suficiente para operar tal sistema, que deve ser uma coisa tão estável como o trono do rei. Sinto que algum dia um plano como esse existirá e será uma grande bênção para muitos homens, porque mesmo o primeiro pequeno pagamento tornará disponível uma razoável fortuna para a família dos membros que viessem a falecer.

"Mas já que vivemos em nosso próprio presente e não nos dias que ainda estão por vir, devemos tirar vantagem dos meios e métodos à disposição para realizar nossos propósitos. Por isso recomendo a todos os homens que, por meios prudentes e bem pensados, se garantam contra uma reserva minguada nos anos de sua maturidade. Pois uma carência de fundos para um homem que já não se acha em condições de ganhar dinheiro ou para uma família sem seu líder é uma dolorosa tragédia.

"Aqui temos, portanto, a sexta solução para a falta de dinheiro. *Seja previdente quanto às necessidades de sua velhice e quanto à proteção de sua família.*"

A sétima solução
Aumente sua capacidade para ganhar

Foram as seguintes as palavras de Arkad para sua turma no sétimo dia:

— Hoje conversarei com vocês, meus discípulos, sobre um dos mais vitais remédios para a falta de dinheiro. Mas o que me interessa hoje é menos o dinheiro do que vocês mesmos, os homens por baixo das roupas multicores que se acham sentados diante de mim. Falarei de todas essas coisas dentro da mente e da vida dos homens que trabalham a favor ou contra o sucesso de cada qual.

"Não faz muito tempo veio até mim um jovem que precisava de um empréstimo. Quando lhe perguntei por que estava necessitado de dinheiro, queixou-se de que seus ganhos eram insuficientes para custear suas despesas. Em vista disso, expliquei-lhe que, sendo esse o caso, ele era um cliente de risco para o emprestador de dinheiro, já que não lhe sobraria nada para pagar o empréstimo.

"'O que você precisa, meu jovem', disse-lhe eu, 'é de uma remuneração maior. O que faz para aumentar sua capacidade de ganhos?'

"'Tudo o que posso', respondeu ele. 'Por seis vezes em duas luas procurei meu patrão para pedir-lhe aumento, mas sem sucesso. Ninguém insiste tanto assim.'

"Não pude deixar de sorrir diante daquela ingenuidade, mas ele possuía um dos mais vitais requisitos para aumentar seus ganhos. Dentro dele havia o enorme desejo de ganhar mais, um correto e elogiável desejo.

"*O desejo é a condição para a realização. Os desejos devem ser fortes e definidos.* Desejos gerais não passam de vagas aspirações. O homem que deseja ser rico manifesta um pequeno propósito. O homem que deseja cinco moedas de ouro manifesta um propósito tangível, passível de ser buscado. Depois de ter alimentado seu desejo por cinco moedas de ouro com a força de propósito necessária, pode então procurar maneiras similares para obter dez moedas, vinte moedas, mil moedas, até que finalmente se torna rico. Depois de aprender a garantir um pequeno, mas definido, desejo, terá suficiente experiência para garantir um outro de maior amplitude. Este é o processo por meio do qual a riqueza é acumulada: primeiro pequenas somas, depois maiores, à medida que o homem aprende e se torna mais capaz.

"Os desejos devem ser simples e definidos. Costumam malograr, porém, quando são muitos, confusos ou se acham além da capacidade de um homem realizá-los.

"À proporção que um homem aperfeiçoa-se em seu ofício, sua capacidade para ganhar dinheiro também cresce. Naqueles velhos tempos em que eu não passava de um pobre escriba, gravando sobre tabuinhas de argila em troca de algumas poucas moedas de cobre por dia, observei que outros trabalhadores produziam mais do que eu e eram mais bem pagos. Por isso, resolvi que seria o melhor em minha profissão. Não demorei muito a descobrir a razão do grande sucesso deles. Comecei a ter mais interesse pelo trabalho, a concentrar-me mais nas tarefas, a ter mais persistência em meus esforços. Com o tempo, poucos homens podiam igualar minha produção diária. Mantendo um razoável ritmo de trabalho, minha crescente habilidade foi recompensada, e não precisei procurar por seis vezes meu patrão em busca de reconhecimento.

"Quanto mais conhecimentos adquirirmos, mais poderemos ganhar. O homem que busca aprender sempre mais sobre sua profissão será ricamente recompensado. Se é um artesão, deve informar-se sobre os métodos e ferramentas utilizados por um companheiro de maior perícia no mesmo ramo. Se trabalha com a lei ou com a assistência médica, pode consultar e trocar informações com outros da mesma atividade. Se é um comerciante, deve continuamente pesquisar boas mercadorias passíveis de serem vendidas a preços mais baixos.

"Os negócios humanos mudam e aperfeiçoam-se, porque cidadãos entusiasmados estão sempre procurando melhorar a própria habilidade, a fim de servirem com mais eficiência e qualidade aqueles de que dependem. Por isso sugiro a todos os homens que se ponham na linha de frente do progresso e não fiquem parados, sendo passados para trás.

"Muitas coisas podem enriquecer a vida de um homem com vantajosas experiências. Aqui estão algumas resoluções que um homem deve tomar, se respeita a si mesmo:

"Ele deve pagar suas dívidas com toda a pontualidade de que for capaz, não adquirindo nada que não tenha condições de saldar.

"Deve cuidar da família de modo que esta possa pensar e falar bem dele.

"Deve fazer um testamento a fim de que, caso os deuses o chamem para si, possa ser feita uma divisão adequada e honesta de todos os seus bens.

"Deve ter compaixão pelos que sofrem ou foram atingidos pela desventura e ajudá-los na medida de suas possibilidades. Deve ter atenções para os que lhe querem bem.

"Assim, o sétimo e último remédio para a falta de dinheiro é *cultivar suas próprias aptidões, estudar e somar conhecimentos, tornar-se mais habilidoso e agir sempre respeitando a si mesmo.* Dessa forma, adquirirá suficiente autoconfiança para realizar seus mais acalentados desejos.

"São essas, portanto, as sete soluções para a falta de dinheiro, que, em função da experiência acumulada durante uma longa e bem-sucedida vida, julgo poder comunicar a todos os homens que desejam riqueza.

"Há mais ouro na Babilônia, caros discípulos, do que pode sonhar qualquer um de vocês. Há abundância para todos.

"Vão e pratiquem essas verdades, para que possam prosperar e enriquecer continuamente, como é de seu direito.

"Vão e ensinem essas verdades a todos os súditos honestos do reino, para que também eles possam partilhar com liberalidade da ampla riqueza de nossa amada cidade."

ENCONTRANDO A DEUSA DA BOA SORTE

> "Se um homem tem sorte, não há como prever extensão possível de sua boa fortuna. Joguem-no no Eufrates, e ele se salvará a nado com uma pérola na mão."
>
> — Provérbio babilônico

O desejo de ter sorte é universal. Ele era tão forte no peito dos homens há quatro mil anos na antiga Babilônia quanto o é atualmente no coração dos homens. Todos nós esperamos ser favorecidos pela caprichosa deusa da boa sorte. Há alguma maneira de encontrá-la e atrair não apenas sua atenção favorável, mas também seus generosos favores?

Há alguma maneira de atrair a boa sorte?

Era exatamente isso que os antigos habitantes da Babilônia queriam saber. Eles passavam por homens argutos e entusiasmados pensadores, o que explica por que a velha cidade tornou-se a mais rica e a mais poderosa de seu tempo.

Naquela época distante não havia escolas nem colégios. Possuíam, entretanto, um centro de aprendizado, uma verdadeira escola prática. Entre os prédios guarnecidos de torres da Babilônia, havia pelo menos um que emulava em importância com o palácio do rei, os jardins suspensos e os templos dos deuses. Os livros de história quase não o mencionam, embora tivesse exercido uma poderosa influência sobre o pensamento daquele tempo.

Tal prédio era o Templo do Saber, onde os conhecimentos do passado eram apresentados por professores voluntários e assuntos de interesse popular eram debatidos em reuniões abertas. Dentro de suas paredes todos os homens se encontravam como iguais. O mais humilde dos escravos podia discutir sem medo de represálias as opiniões de um príncipe da casa real.

Entre os muitos que frequentavam o Templo do Saber, havia um sábio chamado Arkad, o homem mais rico da Babilônia. Ele tinha seu próprio salão especial, onde quase todas as noites um grupo considerável de homens, alguns idosos, alguns muito jovens, mas a maioria na meia-idade, reunia-se para discutir e perguntar sobre assuntos de interesse. Vamos supor que estamos ouvindo uma dessas conversas para ver como eles encaravam a questão da boa sorte.

O Sol tinha acabado de se pôr como uma grande bola de fogo brilhando na areia do deserto, quando Arkad subiu a seu costumeiro tablado. Quase oitenta homens já esperavam sua chegada, reclinados sobre pequenos tapetes estendidos no chão, e mais gente ainda aparecia para aumentar a assistência.

— O que vamos discutir esta noite? — perguntou Arkad.

Depois de uma breve hesitação, um tecelão alto dirigiu-se a ele, levantando-se como era de costume.

— Tenho um assunto cuja discussão gostaria de ouvir, embora receie que pareça ridículo a você, Arkad, e aos amigos aqui presentes.

Depois de incentivado por Arkad e pelos próprios colegas a apresentá-lo, ele continuou:

— Creio estar com sorte hoje, pois achei uma bolsa com moedas de ouro dentro. Meu grande desejo é continuar tendo sorte. Sentindo que todos os homens compartilham comigo tal desejo, sugiro que debatamos como atrair a boa sorte, para que possamos descobrir maneiras de contar com ela.

— Um belo e interessante tema acaba de ser proposto — comentou Arkad —, na verdade, um dos mais valiosos de nossa discussão. Para alguns homens, a boa sorte não passa de um acontecimento casual que, como um acidente, pode ocorrer a alguém sem propósito ou razão. Outros acreditam que a responsável por qualquer boa fortuna é a nossa mais generosa deusa, Ashtar, sempre ansiosa para recompensar com belas dádivas aqueles que lhe agradam. Respondam, meus amigos, devemos pesquisar se existem meios pelos quais a boa sorte possa ser incentivada a visitar cada um de nós?

— Sim! Sim! E muito mais que isso! — respondeu o crescente grupo de ávidos ouvintes.

— Para começar nossa discussão — continuou Arkad —, ouçamos primeiro aqueles dentre nós que passaram por experiências similares à do tecelão, tendo achado ou recebido, sem qualquer esforço de sua parte, tesouros valiosos ou joias.

Houve uma pausa, todos esperando que alguém tomasse a palavra para atender à sugestão de Arkad, mas ninguém o fez.

— Mas como, ninguém? — disse Arkad. — Então esse tipo de boa sorte deve ser realmente raro. Quem agora oferecerá uma sugestão para continuarmos nossa busca?

— Eu o farei — disse um jovem bem-vestido, levantando-se. — Quando um homem fala de sorte, não é natural que seus pensamentos estejam voltados para as mesas de jogo? Não é ali que encontramos muitos homens cortejando o favor da deusa na esperança de que ela os faça ganhar a todo momento?

Como o jovem tivesse, depois dessas breves palavras, retomado seu lugar, uma voz ergueu-se:

— Não pare! Continue sua história! Diga-nos: por acaso pôde contar com o favor da deusa nas mesas de jogo? Ela fez com que os cubos caíssem com o lado vermelho virado para cima, enchendo sua bolsa à custa do homem das apostas, ou, ao contrário, permitiu que o lado azul fosse o vitorioso, propiciando ao outro passar a mão em suas moedas de prata arduamente conquistadas?

O jovem juntou-se aos risos sem maldade da sala e replicou:

— Não posso deixar de admitir que a deusa não parecia saber que eu me achava no local. Mas e quanto aos demais? Encontraram-na esperando em tais lugares para rolar os cubos em favor de vocês? Estamos ávidos para ouvir tanto quanto para aprender.

— Um sábio começo — atalhou Arkad. — Achamo-nos aqui para considerar todos os lados de cada questão. Ignorar as mesas de jogo seria fechar os olhos a um instinto comum a muitos homens que gostam de tentar a sorte, apostando uma pequena soma de dinheiro na esperança de conseguir somas bem maiores.

— Isso me traz à lembrança as corridas de ainda ontem — gritou um outro ouvinte. — Se a deusa frequenta as mesas de jogo, certamente não desdenha as corridas, onde carros de guerra dourados e cavalos espumantes oferecem muito mais excitação. Conte-nos honestamente, Arkad, foi ela quem lhe soprou que devia apostar naqueles cavalos cinza de Nínive? Eu estava de pé bem a seu lado e mal pude acreditar em meus olhos quando o vi apostando neles. Você sabe tão bem quanto nós que nenhuma parelha em toda a Assíria pode competir com nossos amados baios numa bela corrida.

"A deusa por acaso soprou em seus ouvidos que apostasse nos cavalos cinza porque na última volta o preto, que corria por dentro, tropeçaria, atrapalhando de tal modo nossos rapazes, que os cavalos de Nínive acabariam ganhando o páreo numa vitória inesperada?"

Arkad sorriu indulgentemente devido ao gracejo.

— Que motivo temos para pensar que a boa deusa se ocuparia das apostas de um homem num cavalo de corrida? Para mim, ela é uma deusa de amor e dignidade cujo prazer consiste em ajudar os necessitados e recompensar aqueles que fizeram por onde merecer. Espero encontrá-la não nas mesas de jogo ou nas corridas em que os homens perdem mais do que ganham, mas nos lugares onde as ações humanas têm mais valor e são mais dignas de recompensa.

"No cultivo da terra, nas relações comerciais honestas, em qualquer ocupação humana há oportunidade de lucros decorrentes do esforço pessoal e de negócios bem-realizados. Naturalmente, nem sempre o indivíduo será recompensado, porque às vezes seu juízo pode falhar, tanto quanto, em outras ocasiões, os ventos e o mau tempo podem acarretar o malogro de todos os seus esforços. Mas, se persistir, poderá contar com bons lucros no futuro. Isso acontece porque as chances de lucro estão sempre a seu favor.

"Mas, quando um homem joga apostando, a situação se inverte, pois as possibilidades de lucro acham-se frequentemente contra ele e a favor daquele que dirige a banca. O jogo sempre beneficia este último. Faz parte do negócio que ele tenha direito a uma porcentagem sobre as quantias apostadas. Poucos jogadores percebem como são certos os lucros do dono da banca e como são incertas suas próprias chances de vencer.

"Consideremos como exemplo as apostas feitas no jogo de cubos. Toda vez que o cubo é lançado nós apostamos no lado que cairá virado para cima. Se der o vermelho, o dono da banca tem de nos pagar quatro vezes o valor de nossa aposta. Se der, entretanto, qualquer outro dos cinco lados restantes, perdemos. Assim, em cada jogada contamos com cinco chances de perder, mas, uma vez que o vermelho paga quatro por um, temos quatro chances de vencer. Numa única noite de jogo, o dono da banca pode contar com lucros certos no valor de um quinto de todas as apostas feitas. Pode um homem esperar vencer senão ocasionalmente contra vantagens arranjadas de tal modo que, pelo simples fato dele entrar numa casa de jogo, já o despojam de um quinto de suas apostas?"

— Mas há casos em que alguns homens conseguem ganhar somas bastante altas — arriscou um dos ouvintes.

— Certamente — continuou Arkad. — Percebendo isso, pergunto-me se o dinheiro conseguido dessa maneira traz um valor permanente àqueles que têm sorte. Entre meus conhecidos se acham muitos dos mais exitosos homens da Babilônia, mas sinto-me incapaz de apontar um único que tenha começado a triunfar a partir de uma fonte como essa.

"Todos vocês aqui reunidos esta noite conhecem muitos de nossos abastados cidadãos. Seria do maior interesse para mim saber quantos deles podem creditar às mesas de jogo o início de seus anos venturosos. E se cada um de vocês falasse dos que conhece. O que dizem?"

Depois de prolongado silêncio, um gaiato aventurou:

— Sua pergunta inclui os donos da banca?

— Se não se lembra de mais ninguém... — respondeu Arkad. — Se nenhum de vocês pode lembrar-se de ninguém, que tal vocês mesmos? Há bons vencedores por aqui hesitando em recomendar o jogo como uma possível fonte de renda?

Seu desafio teve como resposta gemidos procedentes do fundo da plateia, que arrancaram muitos risos.

— Tenho a impressão de não estarmos procurando a boa sorte nos lugares que a deusa costuma frequentar — continuou ele. — Sendo assim, vamos explorar outros campos. Já vimos, portanto, que ela não se acha no fato de toparmos casualmente com uma carteira perdida, nem nas mesas de jogo. Quanto às corridas, devo confessar que perdi mais dinheiro do que ganhei.

"Vejamos agora nossas ocupações e negócios. Não é natural que, em seguida a uma vantajosa transação, consideremos isso não como um belo lance da sorte, mas como uma justa recompensa pelos nossos esforços? Estou inclinado a pensar que podemos estar desprezando as dádivas da deusa. Talvez ela realmente nos assista quando não apreciamos sua generosidade. Alguém sugere uma outra discussão?"

Um comerciante idoso levantou-se, repuxando sua elegante vestimenta branca.

— Com a permissão de vocês, honrado Arkad e caros amigos, ofereço uma sugestão. Se, como você disse, devemos acreditar em nossa própria habilidade e capacidade para o êxito de nossos negócios, por que não considerar os sucessos que estivemos a ponto de obter, mas que nos escaparam, situações que teriam sido mais lucrativas? Elas teriam sido um raro exemplo de boa sorte se realmente tivessem ocorrido. Como não se concretizaram, não podemos considerá-las nossa justa recompensa. Certamente haverá entre nós homens capazes de relatar experiências nesse sentido.

Trata-se de uma bela abordagem — aprovou Arkad. — Quem entre vocês teve ao alcance uma boa sorte somente para vê-la escapar?

Muitas mãos se ergueram, inclusive a do comerciante idoso. Arkad animou-o a tomar a palavra.

— Como autor da proposta, gostaríamos de ouvi-lo primeiro.

— Contarei de bom grado a vocês uma história — disse ele — que ilustra como a boa sorte pode chegar tão perto de um homem e quão cegamente pode ele permitir que ela escape, trazendo perda e remorso.

"Há muitos anos, quando ainda era jovem, recém-casado e no começo de uma promissora carreira, meu pai me procurou e insistiu energicamente comigo para que eu participasse de um determinado investimento. O filho de um de seus amigos tivera conhecimento de um pedaço de terra estéril não muito além das muralhas de nossa cidade. Ficava bem acima do canal e não era alcançado pelas águas.

"O filho do amigo de meu pai arquitetou um plano para comprar essa terra, construir três grandes rodas d'água que pudessem ser movidas por bois e dessa maneira levar até ali a água necessária. Depois, dividiria a terra em pequenos lotes e buscaria compradores entre os residentes da cidade.

"Mas ele não tinha dinheiro suficiente para levar a cabo um empreendimento desses. Tal como eu, era jovem e contava com vencimentos apenas satisfatórios. Seu pai, como o meu, tinha uma grande família e poucos recursos. Por isso resolveu ajudar o filho, tentando convencer um grupo de cidadãos a entrar na empresa com ele. Seria um grupo de 12 pessoas, cada uma das quais se comprometeria a dar um décimo de seus ganhos para o empreendimento até que a terra estivesse em condições de ser vendida. Cada qual então participaria dos lucros obtidos proporcionalmente ao que tivesse empenhado no investimento.

"'Você, meu filho', disse-me meu pai, 'acha-se agora na juventude. É meu profundo desejo que comece a construir uma sólida posição para que se torne respeitado entre os homens. Gostaria que se valesse de meus conhecimentos em razão dos próprios erros desatinados que andei cometendo no passado.'

"'É o que desejo mais ardentemente, meu pai', respondi-lhe.

"'Então, eis meu conselho. Era o que eu deveria ter feito na sua idade. Separe sempre um décimo de seus ganhos para empregá-lo em investimentos favoráveis. Com esse décimo e com o que ele próprio terá condições de obter, você poderá, muito antes de chegar à idade em que me encontro, ter acumulado uma considerável soma.'

"'O que está dizendo, meu pai, são palavras de sabedoria. Realmente desejo enriquecer. Mas há muitas maneiras de empregar meu dinheiro. Por isso estou ainda hesitante quanto a seguir seus conselhos. Sou jovem. Há muito tempo.'

"'Pensei do mesmo modo em sua idade e, como pode ver, muitos anos acabaram se passando sem que eu tivesse dado sequer os primeiros passos.'

"'Vivemos numa época diferente, pai. Evitarei cometer os seus erros.'

"'A oportunidade se apresenta diante de você, meu filho. E está oferecendo uma chance que pode levá-lo à riqueza. Imploro-lhe, não adie as coisas. Procure amanhã mesmo o filho de meu amigo e combine com ele pagar 10% dos seus ganhos para esse investimento. Sim, vá amanhã mesmo. A oportunidade não espera por ninguém. Hoje está aqui; amanhã já não sabemos para onde se foi. Por isso, não perca tempo!'

"Apesar dos conselhos de meu pai, hesitei. Tinham acabado de chegar à cidade, trazidas por mercadores vindo do leste, roupas tão refinadas que eu e minha boa esposa logo pensamos em comprar. Se tivesse de destinar um décimo de todos os meus ganhos para o tal investimento, seria obrigado a privar-nos desse e de outros prazeres tão desejados. Demorei a tomar uma decisão, até que ficou tarde demais. Tempos depois acabei me arrependendo. O empreendimento revelou-se mais vantajoso do que qualquer um dos participantes podia prever. Essa é minha história, mostrando como permiti que a boa sorte escapasse."

— Nessa história vemos como a boa *sorte costuma procurar o homem que acredita nas oportunidades* — comentou um homem moreno do deserto. — Para construir uma sólida posição é sempre necessário um começo. Esse começo podem ser algumas moedas de ouro ou de prata que um homem separa dos próprios ganhos para o seu primeiro investimento. Eu, por exemplo, sou proprietário de muitas cabeças de gado. Tudo começou quando ainda não passava de um rapazinho, com a compra de um bezerro por uma moeda de prata. Sendo o início de minha riqueza, isso teve uma grande importância para mim.

"Dar o primeiro passo para construir uma sólida posição é uma boa sorte que pode acontecer a qualquer homem. O primeiro degrau, transformando os cidadãos que ganham por seus próprios esforços em homens que começam a ter lucros pelo bom emprego de seu dinheiro, é sempre importante. Alguns, afortunadamente, fazem isso quando jovens e deixam para trás, em termos de sucesso financeiro, aqueles que só o fizeram muito tarde ou aqueles que infelizmente, como o pai do mercador que acabamos de ouvir, nunca o fizeram.

"Tivesse nosso amigo, o mercador, seguido esse rumo em sua juventude, quando a oportunidade se lhe apresentou, hoje estaria cumulado de muitos bens do mundo. Se a boa sorte de nosso amigo tecelão o incentivar a subir um degrau como esse por sua vez, ele não será mais que o começo de uma fortuna muito maior."

— Obrigado! Gostaria de falar também. — Um homem de outro país levantou-se. — Sou sírio. Não falo bem o idioma de vocês. Quero chamar esse amigo, o mercador, por um nome, embora vocês possam achar que não se trata de um termo polido. Mas acho que é o único que ele merece. Só que não conheço a palavra certa aqui na Babilônia. Se usar o meu próprio idioma, vocês não entenderão. Por isso, por favor, cavalheiros, digam-me o nome correto para todo aquele que costuma deixar para depois coisas que podem ser boas para ele.

— Procrastinador — gritou uma voz.

— É isso! — berrou o sírio, agitando muito as mãos. — Ele despreza as oportunidades quando elas aparecem. Prefere esperar. Ele diz: no momento já estou com muitos bons negócios, daqui a pouco a gente vê isso. As oportunidades não esperarão por um companheiro tão lento como esse. Elas acham que, se um homem deseja realmente ter sorte, deve apressar-se. O sujeito que não se atira quando as oportunidades se apresentam não passa de um procrastinador como o nosso amigo, esse mercador.

O mercador levantou-se, curvando-se logo em seguida, respeitosamente, em resposta ao riso geral.

— Tem toda a minha admiração, estrangeiro dentro de nossos portões, por não hesitar em falar a verdade.

— Ouçamos agora uma outra história sobre oportunidades — atalhou Arkad. — Quem poderia falar agora?

— Eu — respondeu um homem de meia-idade. — Sou um comprador de animais, em geral camelos e cavalos. Às vezes também compro ovelhas e cabras. A história que tenho para contar mostrará como a oportunidade veio até mim uma noite, quando menos a esperava. Foi talvez por isso que a deixei escapar. Confio a vocês, entretanto, o julgamento.

"Retornando à cidade uma noite, depois de uma desencorajadora expedição de dez dias em busca de camelos, fiquei muito irritado por encontrar os portões da cidade fechados e trancados. Enquanto meus escravos armavam a tenda para o pernoite, que seria passado com pouca comida e sem água, aproximei-me de um fazendeiro idoso que, como nós, achava-se fora das muralhas.

"'Honrado senhor', dirigiu-se ele a mim, 'por sua aparência, julgo estar falando com um comprador. Se eu estiver certo, muito me agradaria vender-lhe o mais excelente rebanho de ovelhas a um ótimo preço. Ai de mim, minha esposa encontra-se de cama, ardendo em febre. Preciso voltar o mais depressa possível. Compre minhas ovelhas, para que eu e meus escravos montemos em nossos camelos e partamos imediatamente.'

"Estava tão escuro que eu não podia ver o rebanho, mas pelos balidos imaginei que devia ser bastante grande. Havendo consumido inutilmente dez dias à procura de camelos, fiquei contente em fazer negócio com ele. Em sua ansiedade, o homem acabou fixando um preço bem interessante. Aceitei, sabendo que meus escravos podiam conduzir o rebanho através dos portões da cidade, pela manhã, e vendê-lo com um lucro substancioso.

"Fechado o negócio, ordenei aos escravos que trouxessem tochas a fim de contarmos o rebanho, que, segundo as declarações do fazendeiro, tinha 900 cabeças. Não vou sobrecarregá-los, meus amigos, com a narração de nossas dificuldades para contar esses animais cansados, mortos de fome e de sede. Isso se revelou uma tarefa impossível. Por isso, disse claramente ao fazendeiro que eu teria de esperar a luz do dia para conferir o rebanho e que só então lhe pagaria.

"'Por favor, honrado senhor', lamentou-se ele, 'conceda-me dois terços do preço esta noite para que eu possa partir. Deixarei meu escravo mais inteligente e educado para ajudá-lo na contagem pela manhã. Ele é de minha inteira confiança, e o senhor poderá pagar-lhe o restante.'

"Mas eu era cabeçudo e me recusei a fazer qualquer pagamento naquela noite. No outro dia, antes de despertar, os portões da cidade foram abertos, e quatro compradores saíram correndo à procura de rebanhos. Estavam ávidos e dispostos a pagar altos preços, porque a cidade achava-se ameaçada de sítio, e não havia comida suficiente. O velho fazendeiro conseguiu pelo rebanho três vezes o preço que tinha combinado comigo. Foi desse modo que permiti que a boa sorte escapasse."

— Essa é uma história extraordinária — comentou Arkad. — Que lição podemos tirar dela?

— A lição de que devemos fechar imediatamente um negócio quando estamos convencidos de que ele vale a pena — declarou um venerável fabricante de selas. — Se o negócio for bom, você precisa proteger-se tanto contra sua própria fraqueza quanto contra qualquer outro concorrente. Nós mortais somos mutáveis. Quero dizer, mais aptos a mudar de opinião quando estamos certos do que quando estamos errados. Nós somos realmente cabeçudos, estamos constantemente propensos a vacilar e deixar as oportunidades escaparem. Meu primeiro juízo é sempre o melhor. Mas sempre encontrei dificuldade para obrigar-me a prosseguir com um bom negócio. Por isso, como uma proteção contra minhas próprias fraquezas, faço imediatamente um depósito para garanti-lo. Isso me resguarda contra futuros remorsos por não ter aproveitado uma eventual boa sorte.

— Obrigado! Gostaria de falar novamente. — O sírio estava de pé. — Tais histórias são muito parecidas. As oportunidades fugindo pela mesma razão. Estão sempre ao alcance das mãos do procrastinador, trazendo-lhe bons planos. Ele sempre hesita, acha que deve esperar uma ocasião melhor, o tempo passando. Como pode ser bem-sucedido o homem que age assim?

— Sábias palavras, meu amigo — respondeu o comprador. — A boa sorte dá as costas à procrastinação nessas duas histórias. Mas isso não é incomum. O espírito de procrastinação está dentro de todos os homens. Queremos ser ricos, mas, sempre que as oportunidades aparecem diante de nós, esse espírito de procrastinação nos incita, com o nosso próprio consentimento, a adiar as coisas. Por dar ouvidos a ele, tornamo-nos nossos piores inimigos.

"Em minha juventude não identificava essa tendência dos homens com o vocábulo que tanto agradou a nosso amigo da Síria. Pensava, no início, que era o meu pobre juízo que me fazia perder negócios tão lucrativos. Mais tarde joguei a culpa na minha teimosia. Por fim, tive de dar o braço a torcer — tratava-se de um hábito de adiamento desnecessário onde se precisava de uma ação rápida e decisiva. Como odiei a procrastinação quando a verdade finalmente se mostrou! Com a amargura de um asno selvagem preso a uma carroça, fugi desse inimigo de meu sucesso."

— Obrigado! Gostaria de fazer uma pergunta ao senhor mercador. — Era o sírio outra vez. — Você usa roupas finas, que em nada se parecem com as de um homem pobre, e fala como um homem bem-sucedido. Conte-nos, você ainda dá ouvidos à procrastinação?

— Como o comprador nosso amigo — respondeu o mercador —, eu também acabei por reconhecer a procrastinação e bani-la. Para mim, ela provou ser uma inimiga, pois me observava, esperando ver frustradas minhas realizações. A história que contei é apenas uma entre os muitos exemplos similares que poderiam ser citados para mostrar como isso me desviou de minhas oportunidades. Depois que compreendemos, não é difícil superar tal coisa. Nenhum homem permite voluntariamente que o ladrão roube suas sacas de cereais. Tampouco permite voluntariamente que um inimigo seduza seus clientes ou roube seus lucros. Quando uma vez percebi que meu inimigo estava praticando ações como essas, subjuguei-o com determinação. Assim, todo homem deve dominar seu próprio espírito de procrastinação se quiser participar dos ricos tesouros da Babilônia.

"O que diz, Arkad? Como você é o homem mais rico da Babilônia, muita gente acha que você é um sortudo. Concorda comigo em que nenhum homem pode alcançar uma grande soma de sucesso até que tenha completamente esmagado o espírito de procrastinação dentro de si?"

— As coisas realmente se passam como você afirma — admitiu Arkad. — Durante minha longa vida observei gerações e gerações seguindo adiante por esses caminhos dos negócios, ciência e aprendizado que conduzem ao sucesso na vida. As oportunidades surgem na vida de todos os homens. Alguns se agarram a elas e direcionam-se para a satisfação de seus mais profundos desejos, mas a maioria hesita, falha e fica para trás.

Arkad voltou-se para o tecelão.

— Você sugeriu que discutíssemos sobre a boa sorte. Deixe-nos saber o que pensa agora sobre o assunto.

— Vejo a boa sorte sob uma luz diferente. Tinha pensado nisso como a coisa mais desejável que pudesse acontecer a um homem, sem grande esforço de sua parte. Agora percebo que não se trata de situações que alguém possa atrair para si mesmo. A partir de nossa discussão aprendi que *para atrair a boa sorte, é necessário aproveitar as oportunidades*. Por isso, no futuro, farei o melhor que puder quando as oportunidades surgirem para mim.

— Você pegou bem o sentido das verdades trazidas à luz por nossa discussão — replicou Arkad. — A boa sorte, de acordo com o que ouvimos, segue de perto as oportunidades, mas raramente chega de outro modo. O mercador nosso amigo teria sido um eleito da boa fortuna, se tivesse aproveitado a oportunidade que a boa deusa pôs diante dele. Nosso amigo comprador, da mesma maneira, teria sido outro eleito da boa fortuna, se não houvesse hesitado em comprar na hora o rebanho de ovelhas, vendendo-o em seguida a um preço bastante vantajoso.

"Prosseguimos a discussão até encontrar os meios pelos quais a boa sorte pode ser atraída para nós. Creio que achamos o caminho. Duas histórias ilustraram como a boa sorte é consequência das oportunidades. Aqui está a moral que reside em histórias similares sobre a boa sorte, tenha esta sido aproveitada ou não: *A boa sorte pode ser atraída desde que estejamos atentos às oportunidades.*

"Aqueles que se mostram ávidos por aproveitar as oportunidades para o seu próprio êxito atraem o interesse da boa deusa. Ela está sempre ansiosa para ajudar aqueles que lhe agradam. E os homens de ação são os que mais conseguem isso.

"A ação os conduzirá ao encontro do sucesso que vocês tanto desejam."

Os homens de ação são favorecidos pela deusa da boa sorte

AS CINCO LEIS DO OURO

— Um saco cheio de ouro ou uma tabuinha de argila gravada com palavras sábias; se vocês tivessem que se decidir por um ou por outra, qual escolheriam?

À bruxuleante luz de uma fogueira feita com arbustos do deserto, o rosto queimado de Sol dos ouvintes brilhou com interesse.

— O ouro, o ouro — disseram a uma só voz os 27 ali reunidos.

O velho Kalabab sorriu astuciosamente.

— Atenção — atalhou ele, levantando o braço. — Ouçam os cães selvagens ferindo a noite. Eles uivam e ganem porque estão mortos de fome. Mas deem-lhe de comer, e o que fazem? Começam a brigar e a andar empertigados. E continuam brigando e andando empertigados, sem dispensarem um único pensamento ao dia seguinte, que certamente virá.

"O mesmo acontece com os filhos dos homens. Peçam-lhes que escolham entre o ouro e a sabedoria — e o que fazem por sua vez? Ignoram a sabedoria e devoram o ouro. No dia seguinte tornam-se uns bebês chorões porque não têm mais ouro.

"O ouro está reservado àqueles que conhecem suas leis e permanecem fiéis a elas."

Kalabab escondeu as pernas magras sob a túnica branca, porque tinha começado a soprar o frio vento da noite.

— Uma vez que vocês me serviram lealmente durante nossa longa jornada, cuidaram de meus camelos, cruzaram penosamente, mas sem queixas, a areia quente do deserto e enfrentaram bravamente os ladrões que tentaram despojar-me de minhas mercadorias, contar-lhes-ei esta noite a história das cinco leis do ouro, uma história diferente de qualquer outra que já tenham ouvido antes.

"Ouçam com profunda atenção minhas palavras, pois, se conseguirem assimilá-las apropriadamente, terão condições de reunir no futuro uma grande fortuna."

Para causar efeito, fez uma pausa. Sobre um dossel azul, as estrelas brilhavam no céu claro como cristal da Babilônia. Atrás, o grupo prendia firmemente suas desbotadas tendas ao chão contra as possíveis tempestades de areia. Mais para o lado, achavam-se os grandes fardos de mercadoria caprichosamente empilhados e cobertos por peles. Próximo dali, o rebanho de camelos espojava-se na areia, alguns ruminando, satisfeitos, enquanto outros dormiam, enchendo o ar com seus roncos.

— Você nos contou muito boas histórias, Kalabab — disse o chefe dos enfardadores. — Confiamos em que sua sabedoria nos guie até o dia seguinte, quando então teremos concluído nossos serviços contigo.

— Falei-lhes de minhas aventuras em terras estranhas e distantes, mas esta noite quero tecer comentários sobre a sabedoria de Arkad, um homem venturoso e tarimbado.

— Ouvimos falar muito dele — confessou o chefe dos enfardadores —, pois foi o homem mais rico que já viveu na Babilônia.

— Sim, ele foi realmente o mais rico, e isso porque sabia, como nenhum outro homem antes dele, como ganhar dinheiro. Esta noite falarei sobre os seus grandes conhecimentos, de acordo com as informações que Nomasir, seu filho, me comunicou há muitos anos em Nínive, quando eu não passava de um garoto.

"Meu patrão e eu mesmo ficamos uma vez até tarde da noite no palácio de Nomasir. Eu tinha ajudado meu patrão a carregar grandes fardos de tapetes caríssimos para serem examinados por Nomasir, até que sua escolha das cores o deixasse satisfeito. Por fim, ele se mostrou bastante simpático e ordenou que nos sentássemos com ele para saborear um vinho delicioso, de requintado buquê, que aqueceu meu estômago tão desacostumado dessas bebidas finas.

"Foi nessa noite que o anfitrião nos contou a história da grande sabedoria de Arkad, seu pai, em termos que tentarei reproduzir diante de vocês da melhor maneira possível.

"É costume na Babilônia, como sabem, que os filhos de pais ricos vivam na casa paterna na esperança de herdarem seus bens. Arkad não aprovava tal costume. Por isso, quando Nomasir atingiu a maioridade, mandou chamar o jovem e dirigiu-lhe estas palavras:

"'Meu filho, é meu desejo que você herde todos os meus bens. Entretanto, primeiro deve provar que é capaz de administrá-los adequadamente. Por isso, quero que saia pelo mundo e mostre sua competência para ganhar dinheiro e tornar-se um homem respeitado entre nossa gente.'

"'Para você começar bem, lhe darei duas coisas que eu mesmo não tive quando iniciei, como um pobre rapaz, a construção de minha fortuna.'

"'Primeiro, passo-lhe às mãos este saco com moedas de ouro. Se usá-lo com discernimento, ele constituirá a base de seu futuro sucesso.'

"'Segundo, deixo sob sua custódia esta tabuinha de argila onde estão gravadas as cinco leis do ouro. Se conseguir transportar o espírito delas para os seus próprios atos, elas lhe trarão competência e segurança.'

"'Daqui a dez anos, volte à casa de seu pai e dê-lhe conta de tudo o que fez. Se eu achar que se mostrou valoroso e me apresentar provas disso, eu o farei herdeiro de todos os meus bens. Por outro lado, comunicarei tudo isso aos sacerdotes, para que eles possam trocar por minha alma a generosa consideração dos deuses.'

"Assim, Nomasir partiu em busca de seu próprio caminho, pegando o saco de ouro, a tabuinha de argila cuidadosamente envolta em tecido de seda, seu escravo e os animais de carga e de montaria.

"Os dez anos se passaram, e Nomasir, como tinha sido combinado, retornou à casa do pai, tendo este providenciado uma grande festa em sua homenagem e para a qual convidara grande número de amigos e parentes. Terminadas as comemorações, pai e mãe acomodaram-se em seus ricos assentos num dos lados do grande salão, e Nomasir apresentou-se diante deles para prestar contas de sua viagem, como tinha prometido ao pai.

"Era noite. O aposento estava impregnado com a fumaça dos pavios dos candeeiros, que produziam uma fraca iluminação. Escravos em túnicas brancas abanavam ritmicamente o úmido ar com longas folhas de palmeira. Uma pomposa dignidade dava colorido à cena. A esposa de Nomasir e seus dois filhos ainda pequenos, com amigos e outros membros da família, estavam sentados sobre tapetes atrás dele, ouvindo avidamente.

"'Meu pai', começou a dizer Nomasir, cheio de respeito, 'inclino-me diante de sua sabedoria. Há dez anos, quando me achava às portas da maioridade, o senhor incentivou-me a partir e a tornar-me um homem entre os homens, em vez de permanecer nesta cidade como um vassalo de sua fortuna.'

"'E me deu um saco com moedas de ouro. E me concedeu liberalmente as atenções de sua sabedoria. Quanto ao ouro, ai de mim!, devo admitir que não o usei com perícia. Ele fugiu de minhas inexperientes mãos como a lebre selvagem foge, na primeira oportunidade, do jovem que a caça.'

"O pai sorriu indulgentemente.

"'Continue, meu filho, sua história me interessa em todos os seus detalhes.'

"'Decidi ir para Nínive, uma próspera cidade, acreditando que ali encontraria oportunidades. Juntei-me a uma caravana e fiz entre seus membros numerosos amigos. Ali também se achavam dois homens bem falantes que tinham um belíssimo cavalo branco, rápido como o vento.'

"'Enquanto viajávamos, eles me disseram que havia em Nínive um homem riquíssimo, dono de um cavalo tão veloz que nunca tinha sido derrotado. Por sinal, não acreditava que pudesse existir cavalo mais corredor que o dele. Por isso estava disposto a apostar qualquer soma, por mais alta que fosse, em como seu cavalo venceria qualquer outro em toda a Babilônia. Mas comparado ao deles, zombavam meus amigos, o animal do niniviano não passava de um pangaré que podia ser batido com facilidade.'

"'Propuseram-me então, como se estivessem me fazendo um grande favor, participar com eles da aposta. Fiquei logo entusiasmado com o plano.'

"'Nosso cavalo levou uma surra vergonhosa, e acabei perdendo grande parte do ouro.' O pai não pôde deixar de rir. 'Mais tarde descobri que se tratava de um plano fraudulento desses crápulas e que eles constantemente viajavam com caravanas, procurando sempre novas vítimas. Creio que todos aqui já perceberam que o homem em Nínive era um associado deles, que dividia entre os três os lucros da aposta. Esse astucioso golpe me deu minha primeira lição, incitando-me a ter mais cuidado dali para a frente.'

"'Logo aprenderia outra, igualmente amarga. Na caravana havia um outro jovem com quem estreitei laços de amizade. Ele era filho de pais ricos, como eu, viajando a Nínive a fim de encontrar uma posição conveniente. Não muito depois de nossa chegada, me contou que um comerciante tinha morrido, deixando uma loja repleta de ricas mercadorias, que podiam ser adquiridas por um preço insignificante, e uma clientela de primeira qualidade. Dizendo que seríamos sócios em partes iguais, mas que antes precisava voltar à Babilônia para investir seu dinheiro, convenceu-me a comprar a loja apenas com a minha parte, acrescentando que a dele seria usada mais tarde para levar adiante o empreendimento.'

"'Ele adiou quanto pôde sua viagem à Babilônia, provando nesse meio tempo ser um comprador burro e um gastador insensato. Por fim mandei-o embora, mas o negócio já se deteriorara, a loja repleta de mercadorias que ninguém queria comprar e eu sem dinheiro para adquirir outras. Passei o que restava a um israelita por um preço desprezível.

"'A isso se seguiram, meu pai, dias bastante amargos. Procurei emprego e não encontrei, pois não tinha profissão nem treinamento que me capacitassem a ganhar o meu dinheiro. Vendi meus cavalos. Vendi meu escravo. Vendi grande parte de minhas roupas para que pudesse comer e ter um lugar para dormir, mas a escassez tornava-se a cada dia mais assustadora.'

"'Nesses dias amargos, porém, lembrei-me da confiança que o senhor tinha depositado em mim. O senhor insistiu comigo para que me tornasse um homem, e eu estava disposto a não desapontá-lo.' A mãe escondeu o rosto e chorou baixinho.

"'Foi então que me veio à memória a tabuinha que o senhor me dera e onde tinha gravado as cinco leis do ouro. Li com extremo cuidado suas sábias palavras e percebi que, se ao menos tivesse buscado primeiro a sabedoria, meu ouro não teria ido embora. Decorei cada uma das leis e determinei que, se ainda uma próxima vez a deusa da boa fortuna sorrisse para mim, eu me deixaria guiar pela sabedoria dos mais velhos em vez de confiar na inexperiência da juventude.'

"'Para proveito de todos os que se acham aqui reunidos esta noite, lerei as sábias palavras de meu pai gravadas sobre a tabuinha de argila que ele me entregou há dez anos:

As cinco leis do ouro

I. O ouro vem de bom grado e numa quantidade crescente para todo homem que separa não menos de um décimo de seus ganhos, a fim de criar um fundo para o seu futuro e o de sua própria família.

II. O ouro trabalha diligente e satisfatoriamente para o homem prudente que, possuindo-o, encontra para ele um emprego lucrativo, multiplicando-o como os flocos de algodão no campo.

III. O ouro busca a proteção do proprietário cauteloso que o investe de acordo com os conselhos de homens mais experimentados em seu manuseio.

IV. O ouro foge do homem que o emprega em negócios ou propósitos com que não está familiarizado ou que não contam com a aprovação daqueles que sabem poupá-lo.

V. O ouro escapa ao homem que o força a ganhos impossíveis ou que dá ouvidos aos conselhos enganosos de trapaceiros e fraudadores ou que confia em sua própria inexperiência e desejos românticos na hora de investi-lo.'

"'Essas são as cinco leis do ouro gravadas por meu pai na tabuinha. Proclamo-as tão valiosas quanto o próprio ouro, como ficará demonstrado pela continuação de minha história.'

"Ele então encarou o pai. 'Contei-lhe sobre a grande pobreza e o desespero que minha inexperiência me trouxe.'

"'Entretanto, não existe nenhuma sucessão de infortúnios que não chegue a seu fim. No meu caso, isso aconteceu quando consegui um emprego com o chefe de um grupo de escravos que trabalhavam na nova muralha externa da cidade.'

"'Usando meu conhecimento da primeira lei do ouro, economizei uma moeda de cobre dos meus primeiros vencimentos, acrescentando a ela, sempre que possível, uma moeda de prata. Era um procedimento lento, pois eu tinha de fazer despesas pessoais. Gastava de má vontade, admito, porque estava determinado a ganhar, antes de completados os dez anos, muito mais dinheiro que aquele que o senhor, meu pai, me havia concedido.'

"'Um dia, o chefe dos escravos, de quem me tinha tornado amigo, disse: — Você é um jovem econômico que não gasta temerariamente o que ganha. Tem procurado guardar dinheiro?'

"'— Sim — respondi-lhe —, meu desejo é juntar o suficiente para repor aquele que meu pai me deu e que perdi.'

"'— Posso garantir-lhe que se trata de uma ambição meritória. Sabia que o dinheiro que você está economizando pode trabalhar para você e ganhar muito mais?'

"'— Ai de mim! Tive uma experiência bastante amarga, pois todo o ouro de meu pai escorreu como água, e tenho muito medo de que o meu vá pelo mesmo caminho.'

"'— Se tiver confiança em mim, eu o ensinarei a lidar de modo lucrativo com o dinheiro — disse ele. — Dentro de um ano, a muralha externa terá sido terminada e estará pronta para receber os grandes portões de bronze que serão erguidos em cada entrada, a fim de proteger a cidade contra os inimigos do rei. Em toda Nínive não existe metal suficiente para fazer esses portões, e o rei ainda não pensou em providenciá-lo. Eis o meu plano: um grupo de nós juntará o dinheiro que temos para organizar uma caravana às minas de cobre e estanho, muito distantes, e trazer a Nínive quantidades imensas de metal. Quando o rei ordenar a fabricação dos portões, nós sozinhos poderemos fornecer o metal a um preço que o soberano não se recusará a pagar. Se o rei não quiser comprar diretamente de nós, mesmo assim ainda teremos o metal, que poderá então ser vendido a um preço bem mais alto.'

"'Em seu oferecimento reconheci uma oportunidade para aplicar a terceira lei e investir minhas economias sob a orientação de um homem sábio. Não fui desapontado. Nosso grupo foi bem-sucedido, e meu pequeno depósito de ouro cresceu bastante com a transação.'

"'Com o tempo, fui aceito como um membro desse mesmo grupo em outros empreendimentos. Eram homens de tirocínio para os negócios. Discutiam minuciosamente todos os planos levados a seu exame antes de se lançarem a qualquer empresa. Protegiam o principal contra todas as eventualidades e não se metiam em nada em que o dinheiro investido não pudesse ser recuperado. Iniciativas malucas como a do cavalo de corrida ou a da expedição pelos mares, em que eu tinha entrado devido à inexperiência, não teriam sido sequer consideradas por eles. Eles teriam percebido imediatamente sua fragilidade.'

"'Através de minha associação com esses homens, aprendi a investir com segurança e a garantir um retorno lucrativo para o meu dinheiro. À medida que os anos passavam, meu tesouro crescia rapidamente. Já tinha conseguido juntar muito além de tudo quanto perdera.'

"'Devido a meus infortúnios, tentativas e êxitos, pude repetidas vezes, meu pai, provar a sabedoria das cinco leis do ouro e ver em cada um desses momentos como estavam certas. Para quem não conhece essas leis, o dinheiro não aparece tão frequentemente e, quando aparece, vai rapidamente embora. Já para aqueles que não hesitam em utilizá-las, o dinheiro aparece e trabalha para eles como um escravo.'

"Nomasir parou de falar e acenou para um escravo no fundo da sala. O escravo trouxe para a frente, um de cada vez, três pesados sacos de couro. Nomasir pegou um deles e colocou-o no chão, diante de seu pai, dirigindo-lhe estas palavras:

"'O senhor me deu, quando há dez anos deixei sua casa, um saco com moedas de ouro, ouro da Babilônia. Pois aí está, como devolução, um saco com moedas de ouro de Nínive de igual peso. Uma troca equivalente, como todos concordarão.'

"'O senhor me deu também uma tabuinha de argila gravada com palavras sábias. Em seu lugar, aí estão esses dois outros sacos com moedas de ouro.' Assim dizendo, tirou-os das mãos do escravo e, do mesmo modo, colocou-os no chão diante do pai.

"'Penso provar com isso, meu pai, que considero seus conhecimentos muito mais valiosos que o seu ouro. Mas, ainda assim, quem poderia aquilatar em moedas de ouro o valor da sabedoria? Sem sabedoria, o ouro pode ser rapidamente perdido pelos que o têm, mas, com sabedoria, o ouro pode ser adquirido pelos que não o têm, como podem provar sobejamente estes três sacos de ouro.'

"'Além disso, sinto a mais profunda satisfação, meu pai, em estar diante do senhor e poder dizer que, devido a sua sabedoria, fui capaz de tornar-me rico e respeitado entre os homens.'

"O pai pôs afetuosamente sua mão sobre a cabeça do filho. 'Você aprendeu bem suas lições, e me sinto realmente feliz por ter um filho a quem possa confiar minha riqueza.'"

Kalabab terminou sua história e olhou interrogativamente para os ouvintes.

— Que sentido tem para vocês a história de Nomasir? — perguntou ele. — Quem entre vocês pode comparecer diante do pai ou do sogro para prestar contas de uma boa administração de seus ganhos?

"Que não pensariam esses veneráveis homens se lhes dissessem: 'Viajei muito, aprendi muito, trabalhei muito e ganhei muito, mas, ai de mim, não consegui juntar muitas moedas de ouro. Despendi algumas sabiamente, outras tantas esbanjei loucamente, além das que perdi de modo insensato.'

"Ainda pensam tratar-se de um capricho do destino que alguns homens tenham muito ouro, enquanto outros não têm nada? Pois estão errados.

"Os homens têm muito dinheiro quando conhecem as cinco leis do ouro e sabem empregá-las.

"Por ter aprendido e empregado bem essas cinco leis em minha juventude, hoje sou um rico comerciante. Não acumulei minha riqueza devido a um passe qualquer de mágica.

"A riqueza que chega muito rápido vai embora da mesma maneira.

"A riqueza que promove gozo e satisfação para seu proprietário constrói-se gradualmente, porque é uma criança nascida do conhecimento e da persistência.

"Ganhar dinheiro é um peso fácil de carregar para o homem consciencioso. Ter paciência para com o fardo ano após ano acaba por levar à realização.

"A observância das cinco leis do ouro traz sempre uma bela recompensa.

"Cada uma dessas cinco leis é rica de sentido, e, temendo que não tenham sido suficientemente assimiladas durante minha breve história, faço questão de repeti-las. Conheço-as de cor, porque em minha juventude pude ver o quanto eram valiosas e não sosseguei enquanto não as retive na memória palavra por palavra:

A primeira lei do ouro

O ouro vem de bom grado e numa quantidade crescente para todo homem que separa não menos de um décimo de seus ganhos, a fim de criar um fundo para o seu futuro e o de sua própria família.

"Todo homem que separar religiosamente um décimo de seus ganhos e investi-los sabiamente criará um considerável fundo que não somente lhe trará um vultoso rendimento futuro, como também protegerá sua família depois que os deuses o chamarem para o mundo da escuridão. A lei afirma igualmente que o ouro vem de bom grado para tal homem. Pude certificar-me disso em minha própria vida. Quanto mais ouro acumulei, mais prontamente ele veio até mim e em quantidades crescentes. As moedas de ouro que economizei aumentaram ainda mais, como acontecerá com vocês mesmos, e seus lucros continuaram aumentando. Esse é o resultado da primeira lei."

A segunda lei do ouro

O ouro trabalha diligente e satisfatoriamente para o homem prudente que, possuindo-o, encontra para ele um emprego lucrativo, multiplicando-o como os flocos de algodão no campo.

"O ouro realmente é um trabalhador bem-disposto. Está sempre ávido por multiplicar-se quando a ocasião se apresenta. Para o homem que conserva separada uma determinada quantidade de ouro sempre surgem oportunidades para um empreendimento lucrativo. À medida que os anos passam, ele se multiplica das maneiras mais surpreendentes."

A terceira lei do ouro

O ouro busca a proteção do proprietário cauteloso que o investe de acordo com os conselhos de homens sábios em seu manuseio.

"O ouro realmente busca a proteção do proprietário cauteloso e aborrece a companhia do insensato. O homem que procura o conselho dos mais sábios no manuseio do dinheiro aprende cedo a não pôr em risco o seu tesouro, mas preservá-lo em segurança e gozar com satisfação seu crescimento."

A quarta lei do ouro

O ouro foge do homem que o emprega em negócios ou propósitos com os quais não está familiarizado ou que não contam com a aprovação daqueles que sabem poupá-lo.

"O homem que tem moedas de ouro, mas não é hábil em seu manuseio, depara muitas vezes com situações aparentemente lucrativas. Tais situações são amiúde prenhes de perigo de perda e, quando bem-examinadas por homens sábios, revelam pequena possibilidade de lucro. Por isso, o inexperiente que possui ouro confia em seu próprio juízo e investe seu capital em negócios ou propósitos com os quais não se acha familiarizado, comete muitos erros e paga com seu tesouro pela falta de tarimba. Sábio, aliás, é aquele que investe o seu dinheiro de acordo com o conselho dos homens acostumados a lidar com finanças."

A quinta lei do ouro

O ouro escapa ao homem que o força a ganhos impossíveis ou que dá ouvidos aos conselhos enganosos de trapaceiros e fraudadores ou que confia em sua própria inexperiência e desejos românticos na hora de investi-lo.

"Propostas fantasiosas, que impressionam como as histórias de aventuras, sempre ocorrem ao novo proprietário de ouro. Elas surgem para dotar seu tesouro com poderes mágicos que o capacitarão a fazer ganhos impossíveis. Observem, porém, os homens sábios, pois eles conhecem verdadeiramente os riscos que se ocultam por trás de todos os planos para fazer grande riqueza rapidamente.

"Não se esqueçam dos homens ricos de Nínive, que não admitiam qualquer coisa que pusesse em risco o principal ou não trouxesse em si mesma a certeza de lucro.

"Aqui termina minha história sobre as cinco leis do ouro. Ao contá-la, espero ter passado para vocês os segredos de meus próprios sucessos.

"Não há realmente segredos, mas verdades que todo homem deve primeiro aprender e então seguir se deseja sair da multidão a qual, como aqueles cães distantes, tem de se preocupar todos os dias com a alimentação.

"Amanhã entraremos na Babilônia. Olhem! Vejam o fogo perene que arde acima do Templo de Bel! Já estamos perto da cidade de ouro. Amanhã vocês terão dinheiro, o dinheiro a que têm direito pelos seus serviços tão lealmente prestados.

"Dez anos depois desta noite, o que terão a contar sobre esse dinheiro?

"Se houver entre vocês quem, como Nomasir, venha a usar uma parte de seu dinheiro para tentar conseguir por si mesmo uma posição social e, a partir daí, deixar-se guiar pela sabedoria de Arkad; se, depois de dez anos a contar de agora, for um apostador seguro, como o filho de Arkad, esse alguém será então rico e respeitado entre os homens.

"Nossas ações sensatas acompanham-nos através da vida para nos dar prazer e ajudar-nos. Do mesmo modo, nossas ações insensatas nos seguem para nos causar prejuízos e atormentar-nos. Ai de mim, elas não podem ser esquecidas. Na primeira fila dos dissabores que nos perseguem estão as recordações das coisas que devíamos ter feito, das oportunidades que vieram até nós apenas para testemunhar nosso pouco-caso.

"Ricos são os tesouros da Babilônia, tão ricos que nenhum homem seria capaz de estimar seu valor em moedas de ouro. A cada ano tornam-se mais ricos e mais valiosos. Como os tesouros de qualquer terra, eles são uma recompensa, uma bela recompensa para homens de iniciativa que resolvem garantir sua justa partilha.

"Na força de seus próprios desejos acha-se um poder mágico. Guiem esse poder com o conhecimento das cinco leis do ouro e assim poderão compartilhar os tesouros da Babilônia."

O EMPRESTADOR DE DINHEIRO DA BABILÔNIA

Cinquenta moedas de ouro! Nunca antes na vida tinha Rodan, o fabricante de lanças, carregado uma quantia dessas em seu alforje de couro. Descia a estrada real cheio de contentamento, depois de ter deixado o palácio do soberano mais liberal do mundo. As moedas tilintavam agradavelmente à medida que o alforje preso ao cinturão balançava a cada passo — a música mais divina que já tinha ouvido.

Cinquenta moedas de ouro! Tudo seu! Mal podia acreditar em sua boa sorte. Quanto poder naqueles discos tilintantes! Podia comprar o que bem entendesse — uma grande casa, terras, gado, camelos, cavalos, carruagens, o que quer que desejasse.

Que uso devia fazer daquilo? Naquela noite, em que entrava na rua onde ficava a casa da irmã, só conseguia pensar nas cintilantes e pesadas moedas de ouro que lhe pertenciam.

Ainda se recordava da noite, poucos dias antes, em que um perplexo Rodan entrou na loja de Mathon, o emprestador de dinheiro e comerciante de joias e objetos raros. Sem sequer olhar à direita ou à esquerda para os artigos multicores cuidadosamente dispostos, ele atravessou o salão, dirigindo-se imediatamente aos fundos. Ali encontrou o amável Mathon refestelado sobre um tapete, enquanto um escravo negro servia-lhe finas iguarias.

— Venho em busca de seus conselhos, pois me encontro desorientado. — Rodan mantinha-se impassível, de pé, o peito cabeludo aparecendo pela abertura do casaco de couro.

O rosto fino e descorado de Mathon sorriu, esboçando uma amável saudação.

— Que imprudências andou cometendo para que se visse obrigado a procurar um emprestador de dinheiro? Deu azar em alguma mesa de jogo? Ou se deixou enredar nas malhas de alguma dama elegante? Conheço-o há muitos anos e não me lembro de já ter sido procurado por você para tirá-lo de uma enrascada.

— Não, não se trata disso. Não estou precisando de dinheiro. Estou, ao contrário, à procura de um conselho sensato.

— Mas ouçam isso! O que está dizendo? Ninguém recorre ao emprestador de dinheiro para aconselhar-se. Meus ouvidos devem estar me pregando uma peça.

— Pois é isso mesmo!

— Como pode? Rodan, o fabricante de lanças, demonstra mais astúcia do que todos os outros, pois vem à presença de Mathon não em busca de ouro, mas de conselho. Muitos homens me procuram a fim de que lhes consiga dinheiro suficiente para pagar por suas loucuras, mas até onde sei ninguém ainda veio até aqui atrás de um conselho. Contudo, quem realmente pode ser mais hábil nesses assuntos que o emprestador de dinheiro, a quem geralmente se pede socorro nos momentos críticos?

"Você comerá comigo, Rodan", continuou ele. "Será meu convidado esta noite. Ando!", ordenou ao escravo negro, "estenda um tapete para o meu amigo Rodan, o fabricante de lanças, que veio me pedir um conselho. Ele será meu honrado conviva. Traga-lhe bastante comida e reserve-lhe a maior taça da casa. Escolha o melhor vinho, que ele bem o merece.

"Agora me diga quais são seus problemas."

— Trata-se de um presente do rei.

— Um presente do rei? O rei o presenteou com algo que acabou se transformando num problema para você? Que tipo de presente?

— Por ter ficado muito satisfeito com um desenho que lhe apresentei para uma nova ponta nas lanças da guarda real, nosso soberano me deu de presente cinquenta moedas de ouro, e agora me acho totalmente desorientado.

"Tenho sido quase a todo o instante intimado por aqueles que gostariam de partilhar essa riqueza comigo."

— É natural. Os homens sempre querem mais ouro do que têm e gostariam de ver aquele que o ganha facilmente dividi-lo com eles. Mas você não pode dizer não? Sua vontade não é tão forte quanto seu punho?

— Posso dizer não a muita gente, mas às vezes seria mais fácil dizer sim. Poderia recusar-me a dividi-lo com minha irmã única, a quem sou inteiramente devotado?

— Certamente sua irmã não pensaria em privá-lo do gozo de sua recompensa.

— Mas é em consideração a Araman, seu marido, que ela gostaria que se tornasse um rico comerciante. Ela acha que ele nunca teve uma chance e me implora que lhe empreste esse dinheiro, a fim de que ele possa tornar-se um próspero comerciante, pagando-me então a partir de seus lucros.

— Meu amigo — comentou Mathon —, esse é um belo assunto para uma discussão. O ouro traz para o seu possuidor responsabilidade e uma nova maneira de agir com os companheiros. Traz o medo de perdê-lo e até de ser enganado. Traz uma sensação de poder e disponibilidade para praticar o bem. Pode ainda fazer com que suas melhores intenções lhe arranjem belas dificuldades.

"Nunca ouviu falar daquele fazendeiro de Nínive que podia entender a linguagem dos animais? Acho que não, pois não é realmente o tipo de história que os homens gostam de contar a uma pessoa ocupada com a fundição de bronze. Mas quero contá-la a você para que saiba que pedir emprestado e emprestar significa muito mais do que o simples fato de o ouro passar das mãos de uma pessoa para as mãos de outra.

"Esse fazendeiro, que podia entender a conversa que os animais mantinham entre si, demorava-se toda noite no quintal da fazenda justamente para ouvir o que eles diziam. Uma noite, ele ouviu o cavalo queixando-se ao asno dos rigores de sua sorte: 'Trabalho puxando o arado da manhã à noite. Por mais quente que esteja o dia, por mais cansadas que se sintam minhas pernas, por mais que o laço esfole meu pescoço, sou obrigado a dar conta do recado. Você, entretanto, é uma criatura que tem suas horas de descanso. Você é forrado com mantas multicores e não tem mais do que carregar nosso amo aos lugares aonde ele deseja ir. Quando o homem não sai, você fica descansando e comendo a grama verde durante todo o dia.'

"O asno, apesar de seus famosos coices, era um bom companheiro e simpatizava com o cavalo. 'Meu bom amigo', replicou ele, 'você realmente trabalha muito pesado, e eu gostaria de ajudá-lo. Por isso direi como pode fazer para ter um dia de descanso. Pela manhã, quando o escravo vier para amarrá-lo ao arado, deite-se no chão e solte os maiores gemidos que puder, para que ele diga que você se encontra doente e não tem condições de trabalhar.'

"Assim fez o cavalo, e no outro dia o escravo saiu à cata do amo para comunicar-lhe que o cavalo estava doente e não podia ser amarrado ao arado.

"'Então', disse o fazendeiro, 'use o asno para fazer o serviço.' "Durante o dia inteiro, o asno, que só tinha querido ajudar um companheiro, viu-se compelido a dar conta da tarefa do outro. À noite, depois de desamarrado do arado, seu coração estava amargo, as pernas em frangalhos, o pescoço todo esfolado.

"O fazendeiro tinha permanecido no terreiro para escutar.

"O cavalo iniciou a conversa. 'Você é um bom amigo. Devido ao seu sábio conselho, pude descansar durante todo o dia.'

"'Enquanto eu', reclamou o asno, 'sou como toda essa gente de bom coração que começa por ajudar um amigo e acaba sendo obrigado a fazer as tarefas dele. A partir de agora, você deve puxar como sempre o arado, pois ouvi o amo ordenar ao escravo que o leve para o açougueiro se você ficar doente de novo. Tomara que ele o faça mesmo, pois você é um companheiro preguiçoso.' A partir de então não se falaram mais, aquele episódio tendo acabado com a amizade dos dois. Saberia me dizer a moral dessa história, Rodan?"

— É uma boa história — respondeu Rodan —, mas não percebo que moral pode haver.

— Não achava que você saberia. Mas existe, e é muito simples. Apenas isto: se deseja ajudar um amigo, faça-o, mas de modo que os fardos dele não sejam colocados sobre os seus ombros.

— Não tinha pensado nisso. É uma sábia moral. Não quero assumir os fardos do marido de minha irmã. Mas há uma coisa: você empresta a muita gente. Os que pedem emprestado não lhe pagam?

Mathon sorriu o sorriso daqueles cuja alma está repleta de experiências da vida.

— Que emprestador de dinheiro teria êxito se os que pedem emprestado não pudessem pagar? O emprestador não deve ser sensato e considerar cuidadosamente se seu ouro terá um desempenho proveitoso para o credor e se voltará em maior quantidade para ele; ou se será devastado por uma pessoa incapaz de fazer um uso inteligente do dinheiro, deixando-o sem seu tesouro e obrigando aquele que fez o empréstimo a um débito que não pode acertar? Eu lhe mostrarei os objetos guardados em minha caixa de penhores e deixarei que eles lhe contem algumas dessas histórias.

Ele trouxe para o aposento uma grande caixa forrada com pele de porco vermelha e enfeitada com desenhos de bronze. Colocou-a no chão e agachou-se diante dela, as duas mãos sobre a tampa.

— Exijo de cada pessoa a quem empresto dinheiro um penhor que fica guardado nesta caixa até que a dívida seja saldada. Quando pagam, devolvo-o; se nunca o fazem, fico com o penhor como uma permanente recordação daquele que não foi digno de minha confiança.

"Os empréstimos mais seguros, de acordo com as experiências que tive com minha caixa de penhores, são para aqueles cujos bens têm mais valor que o empréstimo que desejam. São donos de terras ou joias, camelos ou outras coisas que podem ser vendidas para amortizar a quantia em débito. Alguns penhores são joias mais valiosas que a dívida. Outros são documentos estabelecendo que em caso de não pagamento o devedor passa automaticamente para o meu nome uma determinada propriedade. Fazendo empréstimos dessa natureza, asseguro-me quanto ao retorno do meu capital mais os rendimentos, pois o empréstimo está baseado no valor dos bens.

"Em outra classe acham-se os devedores que têm capacidade para ganhar dinheiro. São como você, que trabalha ou presta um serviço em troca de uma remuneração. Eles têm algum tipo de renda, e, se são honestos e não sofrem nenhum infortúnio, sei que posso contar com o pagamento do empréstimo, além dos juros combinados. Tais compromissos estão baseados no esforço humano.

"Temos ainda os que não possuem nada de valor nem mostram capacidade para uma remuneração periódica. A vida é dura, e sempre existirá quem se veja derrotado por suas exigências. Aos empréstimos que lhes faço, ainda que tenha o cuidado de estabelecer quantias mínimas, minha caixa de penhores poderá censurar-me pelos anos vindouros, a menos que tais quantias sejam garantidas por bons amigos desses devedores que os veem como pessoas honradas."

Mathon destravou o fecho e abriu a tampa. Rodan curvou-se avidamente para a frente.

No alto da caixa, uma echarpe cor de bronze descansava sobre um pano vermelho. Mathon pegou a echarpe e acariciou-a.

— Isto ficará para sempre em minha caixa de penhores, porque o dono já passou há muito para a grande escuridão. Continuo guardando esta garantia mais como uma prova de sua própria recordação, pois ele foi um bom amigo. Fizemos muitos bons negócios juntos até que, voltando de uma viagem ao leste, ele trouxe uma mulher para casar-se, uma mulher bonita, mas não como as nossas. Uma criatura encantadora. Ele gastou todo o seu dinheiro para satisfazer os desejos dela. Veio até mim em grande desespero quando já se achava numa situação deplorável. Discutimos o assunto. Contei-lhe que o ajudaria a retomar seus próprios negócios. Ele jurou pelo Grande Touro que estava disposto a fazê-lo. Mas não era o que estava escrito. Numa briga, ela enfiou-lhe uma faca no peito.

— E ela? — perguntou Rodan.

— Sim, claro, isto pertencia a ela. — Ele apanhou o pano vermelho. — Amargando um terrível remorso, a mulher atirou-se às águas do Eufrates. Esses dois empréstimos nunca serão pagos. A caixa de penhores mostra-lhe, Rodan, que os seres humanos, sob a ação de fortes emoções, constituem um grande risco para o emprestador de dinheiro.

"Aqui! Isto é diferente!" Ele apanhou um anel de osso de boi. "Isto pertence a um fazendeiro. Eu compro os tapetes de sua mulher. Os gafanhotos arrasaram-lhes a plantação, e eles ficaram sem comida. Ajudei o fazendeiro, e, quando houve a nova colheita, ele me pagou. Mais tarde ele voltou e me falou de estranhas cabras numa terra distante, tal como as tinha descrito um viajante. Animais com pelos tão finos e macios que deles se podiam fazer tapetes mais belos que quaisquer outros já vistos na Babilônia. Queria trazer um rebanho, mas não tinha dinheiro. Assim, emprestei-lhe dinheiro para a viagem e para comprar as cabras. Agora sua criação já começou, e no próximo ano surpreenderei os nobres da Babilônia com os mais caros tapetes que sua grande fortuna pode comprar. Em breve devolverei seu anel. Ele insiste em me pagar imediatamente.

— Alguns clientes fazem isso? — perguntou Rodan.

— Se pedem para propósitos que lhes tragam de volta o dinheiro, sim; mas, se pedem por causa de suas imprudências, é preciso ter cuidado, pois você pode acabar ficando sem o seu dinheiro.

— Fale-me sobre isto — solicitou Rodan, retirando da caixa um bracelete de ouro incrustado com joias de raro desenho.

— As mulheres agradam ao meu bom amigo — caçoou Mathon.

— Ainda sou muito mais jovem que você — retorquiu Rodan.

— Concordo, mas desta vez você está supondo uma história de amor onde ela não existe. A dona deste penhor é gorda, enrugada, e tagarela o tempo todo, quase me levando à loucura. Houve um tempo em que ela e o marido tinham dinheiro e eram bons clientes, mas as coisas começaram a dar errado para o lado deles. Ela tem um filho a quem gostaria de tornar um comerciante. Assim, me procurou e pediu-me dinheiro emprestado para que o filho pudesse entrar como sócio do líder de uma caravana que viajava com seus camelos, negociando numa determinada cidade o que compravam em outra.

"Esse homem revelou-se um tratante, pois deixou o pobre do rapaz perdido numa cidade longínqua, sem dinheiro nem amigos, dando o fora enquanto ele dormia. Talvez ele me pague quando for adulto; até lá não tenho rendimento algum sobre o empréstimo, só muita conversa. Mas devo admitir que as joias valem mais que a dívida."

— Ela pediu seu conselho quanto à sensatez do empréstimo?

— Muito pelo contrário. Ela mesma imaginou o filho como um rico e poderoso homem da Babilônia. Sugerir outra coisa teria deixado a mulher enfurecida. Tentei com habilidade dissuadi-la. Eu sabia dos riscos que esse jovem inexperiente estava correndo, mas, como ela estava oferecendo um penhor, não pude recusar.

"Isto", continuou Mathon, balançando um pedaço de cordão de embrulho amarrado num nó, "pertence a Nebatur, o negociante de camelos. Quando ele compra um rebanho cujo valor ultrapassa suas reservas, ele me traz este nó, e eu lhe empresto de acordo com suas necessidades. É um sábio negociante. Tenho confiança em seu bom tirocínio e posso emprestar-lhe livremente. Muitos outros comerciantes da Babilônia gozam de credibilidade junto a mim por causa do comportamento correto que costumam ter. Seus penhores entram e saem frequentemente de minha caixa. Bons comerciantes são uma vantagem para nossa cidade, e isso permite que eu os ajude a manter os negócios que tornam a Babilônia tão próspera."

Mathon apanhou um besouro feito de turquesa e atirou-o desdenhosamente ao chão.

— Um escaravelho do Egito. O dono dele não está preocupado com que eu receba de volta o meu dinheiro. Quando o cobro, ele me responde: "Como posso pagar se o destino me persegue? Você já tem muito." Que posso fazer? O penhor pertence na verdade a seu pai, um homem de valor, de parcos recursos, que teve de hipotecar terras e gado para sustentar os empreendimentos do filho. O jovem conseguiu algum sucesso no início e logo ficou empolgado com a perspectiva de obter uma grande fortuna. Era ainda imaturo, e suas empresas foram à bancarrota.

"A juventude é ambiciosa. Ela gostaria de encontrar atalhos para a riqueza e as boas coisas que esta propicia. Para conseguir ficar rapidamente rico, o jovem é capaz de fazer empréstimos insensatos. Como ainda não reuniu um bom número de experiências, não percebe que uma dívida desesperada é como poço profundo ao qual se pode descer muito depressa e ali ficar, por muitos dias, lutando em vão para sair. É um poço de lamentações e remorsos aonde não chega a luz do Sol e a noite não traz um sono reparador. Mas não costumo tirar a força daqueles que pedem dinheiro emprestado. Encorajo-os, na verdade. Recomendo-o sempre, desde que seja para um bom propósito. Eu mesmo fiz meu primeiro negócio bem-sucedido com dinheiro emprestado.

"Todavia, o que pode fazer o emprestador de dinheiro num caso como esse? O jovem se acha em desespero e não consegue fazer nada. Está desanimado. Não tenta o menor esforço para saldar seu débito. Meu coração luta contra a ideia de privar o pai de sua terra e de seu gado."

— Você está me contando muita coisa que eu realmente queria saber — arriscou Rodan —, mas ainda não respondeu à pergunta que lhe fiz. Devo emprestar minhas cinquenta moedas de ouro ao marido de minha irmã? Elas representam muito para mim.

— Sua irmã é uma excelente mulher por quem tenho grande estima. Se o marido dela me procurasse para pedir cinquenta moedas de ouro, eu o interrogaria quanto ao uso que estava pretendendo dar a uma soma como essa.

"Se ele me respondesse que seu desejo era tornar-se um comerciante e investir em joias e suprimentos finos, eu diria: 'Quais são seus conhecimentos nesse ramo de negócios? Você sabe onde comprar a preços mais baixos? Sabe onde vender a preços vantajosos?' Ele pode dizer sim a todas essas perguntas?"

— Não, não pode — admitiu Rodan. — Ele já me ajudou na fabricação de lanças e nas lojas.

— Então eu lhe diria que seus propósitos não são sensatos. Os comerciantes devem aprender o seu ofício. Por mais valiosa que fosse, sua ambição não teria chances de sucesso, e eu não lhe emprestaria dinheiro nenhum.

"Mas vamos supor que ele dissesse: 'Sim, já ajudei muitos comerciantes. Sei como viajar a Esmirna e ali comprar a preços baixos os tapetes tecidos pelas donas de casa. Conheço igualmente muitos homens ricos na Babilônia dispostos a pagar bem por eles.' Eu diria: 'Seu propósito é sensato e sua ambição, louvável. Ficarei feliz em lhe emprestar as cinquenta moedas de ouro, se você me der uma garantia equivalente ao valor do débito'. Digamos que ele contra-atacasse: 'Não tenho outra garantia senão minha condição de homem honesto e a palavra de que lhe pagarei bem pelo empréstimo'. Eu seria obrigado a ponderar: 'Tenho em alta conta cada moeda de ouro. Se os salteadores roubarem essas moedas de ouro durante sua viagem a Esmirna ou seus tapetes quando estiver voltando, você então não terá qualquer possibilidade de reembolsar-me, e meu ouro terá ido embora.'

"O ouro, Rodan, é a mercadoria do emprestador de dinheiro. É fácil emprestar. Se você concede um empréstimo insensato, ele tem poucas chances de voltar para o seu bolso. O emprestador prudente deseja não o risco do empreendimento, mas a garantia de que vai ser reembolsado.

"É uma coisa boa socorrer os que estão em apuros, ajudar aqueles a quem o destino tem reservado contrariedades pesadas, prestar assistência aos que estão começando, para que eles possam progredir e tornarem-se cidadãos de valor, mas tudo isso deve ser propiciado com sensatez. Você com certeza ainda se recorda do asno da história — em nosso desejo de ser úteis, podemos correr o risco de carregar os fardos que pertencem a outrem.

"Novamente me desviei de sua pergunta, Rodan, mas ouça minha resposta: guarde consigo suas cinquenta moedas de ouro. Aquilo que você ganha com o seu trabalho e aquilo que lhe dão como uma recompensa pertencem a você, e ninguém tem o direito de compartilhá-los a menos que você mesmo tenha essa intenção. Se quiser emprestar seu dinheiro a fim de aumentar sua fortuna, faça-o com cautela e diversificando os clientes. Não gosto de dinheiro parado, mas menos ainda de dinheiro mal-emprestado.

"Há quantos anos trabalha como um fabricante de lanças?"

— Três anos completos.

— Quanto guardou, sem contar o presente do rei?

— Três moedas de ouro.

— Em cada ano trabalhado você deixou de adquirir boas coisas para economizar de seus vencimentos uma moeda de ouro?

— É como está dizendo.

— Então poderia economizar em cinquenta anos de trabalho cinquenta moedas de ouro por sua abnegação?

— Seria realmente uma vida inteira de trabalho.

— Acha que sua irmã desejaria acabar com as economias de cinquenta anos de trabalho para que seu marido possa fazer uma tentativa na profissão de comerciante?

— Bem, nos termos que você está usando, não.

— Então vá até ela e diga-lhe: "Trabalhei todos os dias, exceto os de descanso, durante três anos, da manhã à noite, e recusando a mim mesmo muitas coisas que meu coração desejava. Minhas economias em cada ano de trabalho e renúncia não passam de uma moeda de ouro. Você é minha irmã favorita, e eu gostaria que seu marido encontrasse algo que lhe trouxesse bastante prosperidade. Se ele submeter a mim um projeto que pareça sensato e cabível a meu amigo Mathon, então lhe emprestarei de bom grado minhas economias de um ano inteiro, para que ele possa ter uma oportunidade de provar que tem condições de ser bem-sucedido." Faça isso, e, se ele tiver dentro de si a alma dos exitosos nos negócios, não encontrará dificuldade em prová-lo. Se falhar, ficará devendo a você uma quantia que poderá pagar-lhe em pouco tempo.

"Sou um emprestador de dinheiro porque tenho mais ouro do que posso usar em meu próprio negócio. Faço com que esse excedente trabalhe para os outros e dessa forma produza mais ouro. Não posso me dar o luxo de correr o risco de perdê-lo, porque trabalhei muito e recusei a mim mesmo muitas coisas para ter condições de guardá-lo. Por isso, não o emprestarei mais, se não estiver certo de que ele se acha em boas mãos e que voltará para mim. Tampouco o emprestarei, se não estiver convencido de que seus ganhos podem ser imediatamente pagos.

"Contei-lhe, Rodan, alguns dos segredos de minha caixa de penhores. Por eles, você pode perceber as fraquezas dos homens e a ânsia que experimentam em pedir emprestado, ainda que não estejam suficientemente certos de que terão como saldar a dívida. Por aí você pode ver quão frequentemente suas altas esperanças de obter grandes lucros, se apenas tivessem dinheiro, não passam de esperanças falsas, que eles não têm capacidade nem treinamento para atender.

"Agora, Rodan, você tem condições de usar sua recompensa para ganhar mais ouro. Pode até tornar-se, se quiser, um emprestador de dinheiro. Se souber preservar adequadamente o seu tesouro, ele produzirá muitos lucros para você e será uma rica fonte de satisfação e vantagens durante todos os dias de sua vida. Mas, se deixá-lo escapar, ele será uma fonte constante de remorsos e lamentações.

"O que deseja mais para esse ouro que você traz no alforje?"

— Guardá-lo com segurança.

— Bem-falado — replicou Mathon, aprovando. — Primeiro deseja guardá-lo com segurança. Acha que sob a custódia do marido de sua irmã ele estaria realmente a salvo de uma possível perda?

— Temo que não, pois ele não é um bom guardador de dinheiro.

— Portanto, não se deixe enlear por qualquer sentimento de obrigação em confiar seu tesouro a quem quer que seja. Se quiser ajudar sua família e amigos, busque outros meios que não o de arriscar a perda de seu tesouro. Não esqueça que o ouro consegue escapulir de modo inesperado das mãos de todos aqueles que não sabem guardá-lo com inteligência. Consumir sua fortuna de maneira extravagante é o mesmo que deixar que os outros acabem com ela por você.

"Depois da segurança, o que deseja para seu tesouro?"

— Que ele me faça ganhar mais dinheiro.

— Novamente fala com sabedoria. Ele foi feito para ganhar e crescer o máximo possível. O dinheiro emprestado sensatamente pode dobrar seus lucros antes que um homem como você chegue à velhice. Se se arriscar a perdê-lo, arrisca-se igualmente a deixar de ganhar tudo o que ele pode render.

"Por isso, não se torne a presa dos planos fantásticos de homens sem prática, que sempre acreditam encontrar meios de fazer o dinheiro alcançar lucros extraordinariamente altos. Tais planos são criações de visionários que nada sabem a respeito das infalíveis leis do negócio. Seja moderado naquilo que espera ganhar, para que possa garantir e gozar de sua fortuna. Empregá-la sob a promessa de retorno usurário é um convite à perda.

"Busque associar-se a homens e empreendimentos cujo sucesso é estabelecido, para que seu tesouro possa ganhar livremente com a perícia deles e ser guardado com segurança pela sabedoria e experiência deles.

"Assim, espero que você possa evitar os infortúnios que acometem muitos dos filhos dos homens a quem os deuses decidiram por bem confiar alguma riqueza."

Quando Rodan quis agradecer-lhe por seus sábios conselhos, Mathon fez que não ouvira, mas ainda disse:

— O presente do rei lhe propiciará muita sabedoria. Se resolver guardar as cinquenta moedas de ouro, você precisará ser realmente cauteloso. Muitos usos o tentarão. Ouvirá muitos conselhos. Numerosas oportunidades de fazer grandes lucros serão oferecidas a você. As histórias de minha caixa de penhores devem lembrá-lo de verificar bem as possibilidades de retorno antes de deixar que uma única moeda de ouro saia de seu bolso. Quando precisar de mais conselhos, venha me procurar. Eles são dados de graça. Antes de retirar-se, leia o que escrevi embaixo da tampa de minha caixa de penhores. Isso se aplica tanto a quem pede quanto a quem empresta dinheiro:

> *É melhor uma pequena cautela do que um grande remorso*

AS MURALHAS DA BABILÔNIA

Banzar, um velho e terrível guerreiro, montava guarda na passagem que conduzia ao topo das antigas muralhas da Babilônia. Mais para cima, valentes defensores lutavam para preservá-las. Dessas muralhas dependia a existência da imensa cidade com suas centenas de milhares de cidadãos.

Por cima das muralhas chegavam o rugido dos exércitos que atacavam, o berro de muitos homens, o tropel de milhares de cavalos, o ensurdecedor barulho dos aríetes golpeando os portões de bronze.

Do lado de dentro postava-se uma coluna de lanceiros para impedir a invasão dos inimigos caso os portões cedessem. Eram poucos para a difícil tarefa. O grosso do exército babilônico tinha partido com o rei para o leste, numa grande expedição contra os elamitas. Como não se tivesse previsto nenhum ataque à cidade na ausência do soberano, as unidades destinadas à defesa eram escassas. Inesperadamente, vindo do norte, desciam na direção das muralhas as poderosas forças dos assírios. E agora as muralhas precisavam ser protegidas ou a Babilônia estaria condenada.

Em torno de Banzar acotovelava-se grande número de cidadãos, pálidos e aterrorizados, que tinham vindo em busca de notícias da batalha. Com muda estupefação, eles divisavam a corrente de feridos e mortos sendo conduzidos ou carregados para a passagem.

Ali se achava o ponto crucial do ataque. Depois de três dias cercando a cidade, o inimigo repentinamente concentrara sua grande força contra esta seção e sua porta.

Do alto da muralha, os defensores da cidade rechaçavam as plataformas que se erguiam e as escadas de mão dos atacantes com flechas, óleo fervente e, se algum dos inimigos alcançava o topo, com lanças. Contra os defensores, milhares de arqueiros assírios despejavam uma barragem de flechas mortíferas.

O velho Banzar estava numa posição vantajosa para obter notícias. Achava-se próximo ao conflito e era o primeiro a ouvir os mais recentes reveses dos frenéticos atacantes.

Um comerciante idoso cercou-o, tentando alcançá-lo com as mãos trêmulas.

— Diga-me o que está acontecendo. Diga-me, por favor! — suplicou. — Eles não podem entrar. Meus filhos encontram-se com o bom rei. Não há ninguém para proteger minha velha esposa. Meus bens, eles irão pilhar tudo. Meus alimentos, eles não deixarão nada. Nós somos velhos, muito velhos para defender a nós mesmos, muito velhos para nos tornarmos escravos. Passaremos fome. Morreremos. Diga-me que eles não podem entrar.

— Procure ficar calmo, bom comerciante — respondeu o guarda. — As muralhas da Babilônia são fortes. Volte para casa e diga a sua mulher que as muralhas protegerão vocês e seus bens de modo tão seguro quanto protegem os ricos tesouros do rei. Fique perto das muralhas para que as flechas inimigas não o alcancem.

Uma mulher com uma criança no colo tomou o lugar do velho comerciante quando este se retirou.

— Soldado, o que pode ver daí do alto? Conte-me a verdade, para que eu possa tranquilizar meu pobre marido. Ele está de cama, com febre, devido aos terríveis ferimentos que recebeu, mas insiste em conservar a armadura e a lança para proteger-me, pois estou esperando um filho. Ele diz que o desejo de vingança de nossos inimigos será terrível se eles conseguirem vencer a muralha.

— Pois que se alegre o seu coração, você, que já é mãe e que voltará a sê-lo, as muralhas da Babilônia protegerão vocês e suas crianças. Elas são altas e fortes. Não está ouvindo os gritos de nossos valentes defensores quando esvaziam os caldeirões de óleo fervente sobre os escaladores?

— Sim, estou ouvindo, mas ouço igualmente o troar dos aríetes que forçam nossos portões.

— Volte para junto de seu marido. Diga-lhe que os portões são fortes e resistirão aos aríetes. Diga-lhe também que os inimigos estão escalando, sim, as muralhas, mas para receberem o golpe certeiro das lanças. Vamos, tome o seu caminho e vá para os prédios mais afastados.

Banzar afastou-se um pouco para dar passagem a reforços pesadamente armados. Quando, com o tinido dos escudos de bronze e o passo firme, eles o ultrapassaram, uma menina puxou-o pelo cinto.

— Diga-me, soldado, estamos seguros? — perguntou ela. — Ouvi sons terríveis. Vejo homens sangrando. Estou apavorada. O que será de nossa família, de minha mãe, do meu irmãozinho e do bebê?

O velho combatente piscou os olhos e empurrou para a frente o queixo, enquanto levantava a criança.

— Não tenha medo, garotinha — disse ele, tranquilizando-a. — As muralhas da Babilônia protegerão você, sua mãe, seu irmãozinho e o bebê. Foi para dar segurança a pessoas como você que a rainha Semíramis mandou construí-las lá se vão cem anos. Nunca se conseguiu derrubá-las. Volte e conte a sua mãe, a seu irmãozinho e ao bebê que as muralhas da Babilônia os protegerão e que não precisam ter medo.

Dia após dia Banzar permaneceu em seu posto, observando os reforços marcharem em fila pela passagem, ali ficarem e resistirem até que, feridos ou mortos, desciam mais uma vez. Em sua volta juntavam-se sem cessar multidões de cidadãos assustados, ávidos por confirmar se as muralhas aguentariam firme. Para cada um deles

Banzar dava a resposta com a fina dignidade de um velho soldado: "As muralhas da Babilônia protegerão vocês."

Por três semanas e cinco dias, o ataque manteve-se com uma violência inaudita. Mais forte e decididamente batiam os maxilares de Banzar à medida que a passagem, molhada com o sangue de muitos feridos, tornava-se uma lamaceira pelas incessantes correntes de homens passando e cambaleando. A cada dia, os atacantes trucidados iam se amontoando em pilhas ao pé daquela parte das muralhas. À noite eram carregados e queimados pelos companheiros.

Na quinta noite da quarta semana, o clamor diminuiu. As primeiras luzes do dia, iluminando a planície, atravessavam grandes nuvens de poeira levantadas pelos exércitos batendo em retirada.

Um poderoso brado saiu da garganta dos defensores. Não houve erro quanto a seu significado. Ele foi repetido pelas tropas posicionadas para dentro das muralhas. Ecoou pelas ruas entre os cidadãos. Espalhou-se pela cidade com a violência de uma tempestade.

O povo foi para as ruas, tomadas por turbas incontroláveis. O medo enclausurado por semanas encontrou uma saída no selvagem coro de alegria. Do cume da alta torre do Templo de Bel arderam por muito tempo as chamas da vitória. Através do céu se expandiram colunas de fumaça azul para levar o mais longe possível aquela grata mensagem.

As muralhas da Babilônia tinham mais uma vez repelido um cruel e poderoso inimigo disposto a saquear seus ricos tesouros e a violentar e escravizar seus cidadãos.

A Babilônia manteve-se viva século após século porque foi *inteiramente protegida*. Não podia ter sido de outro modo.

As muralhas da Babilônia foram um extraordinário exemplo do desejo e da necessidade humana por proteção. Esse desejo é inerente à raça humana. Ele é tão forte hoje como outrora, mas nós desenvolvemos planos mais amplos e melhores para realizar o mesmo objetivo.

Em nossos dias, atrás das muralhas dos seguros, contas de poupança e investimentos confiáveis, podemos nos resguardar contra tragédias inesperadas que podem entrar em qualquer porta e ficar diante de qualquer lareira.

> *Não temos condições de ficar sem uma proteção adequada*

O NEGOCIANTE DE CAMELOS DA BABILÔNIA

Quanto maior a fome, mais a mente se mostra aguçada — do mesmo modo que se fica muito mais sensível ao cheiro do alimento.

Tarkad, o filho de Azure, certamente pensava assim. Não tinha comido nada havia dois dias inteiros, se não fizermos conta dos dois pequenos figos furtados do alto do muro de um jardim. Só não pegou mais porque uma mulher muito zangada precipitou-se na sua direção, pondo-o para correr rua abaixo. Seus gritos terríveis ainda ecoavam nos ouvidos dele quando já atravessava a praça do mercado e o ajudaram inclusive a manter os dedos nervosos longe das tentadoras frutas que as vendedoras expunham em suas barracas.

Nunca tinha reparado antes em quanta comida era trazida para os mercados da Babilônia e como cheiravam bem. Deixando o local, rumou para uma hospedaria e ficou zanzando na frente da casa de pasto. Quem sabe não encontraria por ali algum conhecido; alguém de quem pudesse arrancar como empréstimo uma moeda de cobre, que ganharia para ele um sorriso do inamistoso dono da pousada e, com isso, um atendimento simpático. Sem dinheiro, tinha certeza de que o receberiam muito mal.

Em sua abstração viu-se inesperadamente cara a cara com o homem que mais gostaria de evitar, a alta e angulosa figura de Dabasir, o negociante de camelos. De todos os amigos e tantos outros a quem pedira emprestado pequenas somas, Dabasir fazia-o sentir-se desconfortável, porque Tarkad não havia cumprido a promessa de saldar o mais rápido possível uma antiga dívida.

O rosto de Dabasir iluminou-se ao avistar o outro.

— Ora, ora, aqui temos Tarkad, justamente aquele que venho procurando para cobrar as duas moedas de cobre que lhe emprestei faz um mês; além da moeda de prata relativa a um primeiro empréstimo. Que belo encontro! Poderei fazer um bom uso dessas moedas ainda hoje. E então, jovem, o que me diz?

Tarkad gaguejou, ficando vermelho. Faminto, achava-se sem energia para discutir com o descarado Dabasir.

— Mil desculpas, mil desculpas — murmurou fracamente —, mas hoje estou sem qualquer moeda de cobre ou de prata. Me dê mais um tempo.

— Ora, vamos lá — insistiu Dabasir. — Então não pode arranjar algumas moedas de cobre e uma moeda de prata para pagar pela generosidade de um velho amigo de seu pai, que o ajudou quando você se achava necessitado?

— Ainda não lhe paguei porque o azar tem me perseguido.

— O azar! Não responsabilize os deuses por sua própria fraqueza. O azar persegue todo homem que pensa mais em pedir emprestado do que em pagar. Venha fazer-me companhia, rapaz, enquanto almoço. Estou com fome e quero contar-lhe uma história.

Tarkad vacilou devido à franqueza brutal de Dabasir, mas aqui estava finalmente um convite para entrar na casa de pasto.

Dabasir conduziu-o até um dos cantos da sala, onde se sentaram sobre pequenos tapetes.

Quando Kauskor, o proprietário, apareceu sorrindo, o negociante de camelos dirigiu-se a ele com a familiaridade de sempre.

— Gordo lagarto do deserto, traga-me uma perna de cabra bem tostadinha, com muito molho, pão e todas as verduras que tiver, pois estou com fome e preciso de muita comida. Não esqueça de meu amigo aqui. Traga para ele um copo d'água. Bastante fria, por favor, pois está fazendo um calor babilônico.

Tarkad quase sentiu um desfalecimento. Devia ficar ali, bebendo água, enquanto o outro devorava diante de seus olhos uma perna de cabra inteira? Não disse nada. Não pensava em nada que pudesse dizer.

Dabasir, entretanto, não sabia o que era o silêncio. Sorrindo e acenando com naturalidade para os outros fregueses, que o conheciam, continuou:

— Ouvi de um viajante recém-chegado de Urfa informações sobre um homem muito rico que tem uma peça de pedra cortada tão fina que se pode ver através dela. Ele colocou-a na janela de sua casa para barrar a chuva. Segundo o viajante, é amarela, e, quando ele mesmo olhou através dela, todo o mundo do outro lado pareceu-lhe estranho e diferente da realidade. O que diz sobre isso, Tarkad? Acha que o mundo pode parecer a alguém de uma cor diferente daquela que normalmente possui?

— Ouso dizer que sim — respondeu o jovem, mais interessado na gorda perna de cabra que acabavam de colocar na frente de Dabasir.

— Bem, sei que isso pode ser verdade porque eu mesmo vi o mundo numa cor totalmente diferente daquela que ele geralmente apresenta, e a história que vou contar ilustra como cheguei a vê-lo em sua cor correta de novo.

— Dabasir vai contar uma história — sussurrou um freguês para o vizinho e chegou seu tapete mais para a frente. Outros frequentadores trouxeram para ali o que estavam comendo e formaram um semicírculo. Mastigavam ruidosamente junto aos ouvidos de Tarkad e roçavam nele os ossos ainda carnosos. Só ele não estava comendo. Dabasir não dividira sua refeição nem o encorajara a pegar um pedaço do pesado pão que, depois de cortado, tinha rolado da bandeja para o solo.

— A história que vou contar — começou Dabasir, fazendo uma pausa para dar uma mordida num bom pedaço da perna de cabra — tem a ver com o início de minha vida e de como me tornei um negociante de camelos. Alguém aqui sabia que já fui um escravo na Síria?

Um murmúrio de surpresa correu toda a plateia improvisada, trazendo uma grande satisfação a Dabasir.

— Quando ainda jovem — continuou Dabasir, depois de um outro ataque furioso à perna de cabra —, aprendi o ofício de meu pai, o fazedor de sandálias. Trabalhei com ele em sua loja e casei-me. Sendo novo e com habilidades ainda não inteiramente desenvolvidas, ganhava pouco, o bastante apenas para sustentar minha excelente mulher numa vida modesta. Eu ansiava por boas coisas que não tinha condições de obter. Logo descobri que os donos de loja tinham confiança em mim se eu quisesse comprar fiado.

"Jovem e sem experiência, não sabia que aquele que gasta mais do que ganha está semeando os ventos da autoindulgência, naturalmente desnecessária, de onde pode estar certo de que colherá turbilhões de problemas e humilhação. Assim, acedi a meus caprichos por roupas finas e comprei coisas luxuosas para minha boa esposa e para o lar, tudo muito além de nossas posses.

"Paguei como pude, e realmente no início não houve grandes contrariedades. Mas com o tempo descobri que eu não podia usar meus ganhos para viver e ao mesmo tempo pagar minhas dívidas. Os credores começaram a me procurar para que eu saldasse minhas compras extravagantes, e minha vida tornou-se miserável. Pedia emprestado aos amigos, mas tampouco podia pagar-lhes. As coisas iam de mal a pior. Minha esposa voltou para a casa do pai, enquanto eu me decidia a deixar a Babilônia e buscar uma outra cidade onde um jovem pudesse encontrar melhores chances.

"Durante dois anos levei uma vida sem descanso e sem êxito trabalhando para donos de caravanas. Daí, vi-me associado a um grupo de simpáticos salteadores que percorriam o deserto em busca de caravanas desarmadas. Essas ações eram indignas do filho de meu pai, mas eu estava vendo o mundo através de um vidro colorido e não me dava conta da degradação a que tinha chegado.

"Tivemos sucesso em nossa primeira viagem, capturando um rico carregamento de ouro, seda e outros objetos valiosos. Levei o saque para Ginir e esbanjei tudo.

"Não tivemos tanta sorte da segunda vez. Assim que espoliamos um novo grupo de mercadores, fomos atacados pelos lanceiros de um chefe nativo que recebia dinheiro para dar proteção às caravanas. Nossos dois líderes foram mortos, e o restante de nós foi levado para Damasco, onde fomos despojados de nossas roupas e vendidos como escravos.

"Fui comprado por duas moedas de prata por um chefe sírio do deserto. Com os cabelos tosquiados e uma simples tanga para usar, não era assim tão diferente dos outros escravos. Sendo um jovem imprudente, achava tudo isso uma mera aventura, até que um dia meu amo me levou à presença de suas quatro esposas e disse-lhes que elas podiam, se quisessem, fazer de mim um eunuco.

"Somente então percebi como minha situação era realmente desesperadora. Esses homens do deserto eram ferozes e acostumados ao combate. Eu estava sujeito à vontade deles, sem armas nem meios de escapar.

"Fiquei apavorado quando essas quatro mulheres começaram a me examinar. Perguntava a mim mesmo se poderia esperar piedade por parte delas. Sira, a primeira esposa, era a mais velha das quatro. Seu rosto não se mexia quando punha os olhos em mim. Desviava-me dela meio descrente de minha sorte. A segunda esposa era uma desdenhosa beleza que me fitava com indiferença, como se eu fosse um verme da terra. As duas mais jovens viviam rindo, como se tudo aquilo não passasse de uma excitante brincadeira.

"Pareceu durar um século a expectativa. Cada uma das mulheres dava a impressão de estar esperando pelas outras para decidir. Finalmente, Sira manifestou-se, dizendo friamente:

"'Temos eunucos de sobra, mas poucos e incompetentes guardadores de camelos. Ainda não fui visitar minha mãe, que se acha doente, porque não confio em nenhum de nossos escravos para conduzir meu camelo. Pergunte a esse outro se ele sabe conduzir camelos.'

"Meu amo então me perguntou se eu sabia lidar com camelos. Empenhando-me por ocultar a ansiedade, respondi: 'Posso fazê-los ajoelharem-se, posso pôr-lhes as cargas, posso levá-los por longas viagens sem se cansarem. Se for necessário, posso consertar os arreios.'

"'O escravo sabe mais do que o necessário', observou meu amo. 'Se for seu desejo, Sira, use este homem como o seu guardador de camelos.'

"Assim, fiquei sob as ordens diretas de Sira e naquele dia conduzi seu camelo por uma longa viagem de visita à sua mãe doente. Tive a oportunidade de pedir-lhe que intercedesse por mim junto a meu amo e contei-lhe que não era um escravo de nascença, mas o filho de um homem livre, um honrado fazedor de sandálias da Babilônia. Contei-lhe muitas coisas a respeito de minha própria vida. Seus comentários me deixaram desconcertado, e refleti muito sobre o que ela me disse:

"'Como pode chamar a si mesmo um homem livre, quando sua própria fraqueza o trouxe à condição em que se acha? Se um homem tem dentro de si a alma de um escravo, não é exatamente nisso que se transforma, não obstante seu nascimento, assim como a água procura o seu nível? Se um homem tem dentro dele a alma de um cidadão livre, não se tornará respeitado e honrado em sua própria cidade, a despeito de seu infortúnio?'

"Por mais de um ano fui um escravo e vivi com escravos, mas não podia tornar-me um deles. Um dia, Sira me perguntou: 'Por que fica sozinho em sua tenda, quando os demais escravos aproveitam a folga divertindo-se uns com os outros?'

"'Estou refletindo sobre o que a senhora me disse. Não acredito que tenha a alma de um escravo. Não posso juntar-me a eles; portanto, devo me manter à parte.'

"'Eu também me mantenho à parte', confidenciou-me ela. 'Meu dote era valioso, e meu senhor casou-se comigo por causa disso. Mas ele não me deseja. Tudo quanto uma mulher almeja é ser desejada. Devido a isso e ao fato de ser estéril e não poder ter filhos, devo manter-me à parte. Se fosse homem, preferiria morrer a me tornar um escravo, mas as convenções de nossa tribo reservam às mulheres o papel de escravas.'

"'O que acha de mim agora?', perguntei-lhe à queima-roupa. 'Tenho a alma de um homem ou a de um escravo?'

"'Você tem vontade de saldar as dívidas que fez na Babilônia?'

"'Sim, tenho vontade, mas não vejo como.'

"'Se deixar que os anos passem sem fazer qualquer esforço para pagar, então você tem a desprezível alma de um escravo. O mesmo pode ser dito do homem que não respeita a si mesmo, e ninguém pode respeitar a si mesmo se não paga honestamente suas dívidas.'

"'Mas o que posso fazer se sou um escravo na Síria?'

"'Permaneça como escravo na Síria, seu fraco.'

"'Não sou um fraco', neguei vivamente.

"'Então, prove.'

"'Como?'

"'Seu grande rei não combate os inimigos de todas as maneiras que pode e com todas as forças de que dispõe? Suas dívidas são seus inimigos. Elas correram com você da Babilônia. Você abandonou-as, e elas cresceram num nível sufocante para você. Se as tivesse enfrentado como um homem, daria conta do recado e se veria admitido entre os concidadãos. Mas não teve coragem de combatê-las, e seu amor-próprio minguou tanto que agora você não passa de um escravo na Síria.'

"Quanto mais pensava em suas duras acusações, mais elaborava frases defensivas para provar a mim mesmo que não era intimamente um escravo. Mas não tive tempo de usá-las. Três dias depois, a criada de Sira veio me procurar em seu nome.

"'Minha mãe acha-se novamente muito doente', disse ela. 'Sele os dois melhores camelos do rebanho de meu marido. Providencie água e alimento para uma longa viagem. A criada abrirá as despensas para você.'

"Carreguei os camelos, impressionado com a quantidade de mantimentos fornecidos pela criada, pois a mãe de Sira morava a menos de um dia de viagem. A criada montou num dos camelos, enquanto eu conduzia o de minha senhora. Tinha acabado de escurecer quando chegamos à casa materna de Sira. Esta despediu a criada e disse-me:

"'Dabasir, você tem a alma de um homem livre ou a alma de um escravo?'

"'A alma de um homem livre', insisti.

"'Então chegou sua chance de prová-lo. Nosso dono está desmaiado de tanta bebida, e seus chefes não fizeram por menos. Pegue estes camelos e fuja. Nesta bolsa há roupas de seu amo com que você poderá disfarçar-se. Direi que furtou os camelos e fugiu enquanto eu visitava minha mãe doente.'

"'Você tem a alma de uma rainha', disse-lhe. 'Como gostaria de conduzi-la à felicidade!'

"'A felicidade', respondeu ela, 'não se acha à espera da esposa fugida numa terra distante, entre gente estranha. Mas vá, e possam os deuses do deserto protegê-lo, pois o caminho é longo e escasso em alimento ou água.'

"Já não era necessário insistir para que me fosse, mas quis ainda agradecer-lhe, calorosamente, e desapareci na noite. Eu não conhecia aquela estranha região e tinha apenas uma tênue ideia de onde ficava a Babilônia, mas me pus corajosamente a caminho através do deserto, em direção às colinas. Montava um camelo e trazia o outro amarrado. Viajei durante toda a noite e todo o dia seguinte, impelido pelo conhecimento do terrível destino reservado aos escravos que roubavam os bens de seu amo ou tentavam escapar.

"Ao cair da tarde alcancei um pequeno povoado tão desabitado quanto o deserto. Pedras afiadas feriam os pés de meus leais camelos, que logo começaram a andar com lentidão e sofrendo muito. Não encontrei pelo caminho nenhum homem ou animal e pude compreender por que evitavam essa terra inóspita.

"Era uma dessas viagens de que poucos homens conseguem sair vivos para contar. Arrastávamo-nos dia após dia. Água e alimentos esgotavam-se. O calor do Sol era inclemente. No final do nono dia escorreguei do dorso de minha montaria com a sensação de que estava fraco demais para tornar a montar e de que certamente morreria, perdido nessa região desabitada.

"Estendi-me completamente no chão e dormi, só acordando com as primeiras luzes da manhã.

"Soergui-me e olhei à volta. Havia um frescor no ar da manhã. Meus camelos espojavam-se no chão não muito longe dali. Em derredor, uma imensa região arruinada, coberta de pedras, areia e coisas duras, nenhum sinal de água, nada de comer para homem ou camelo.

"Quem sabe não encontraria o meu fim nessa quietude extrema? Minha mente nunca estivera tão aguçada. Naquele momento, meu corpo não parecia ter qualquer importância. Meus lábios ressequidos e partidos, minha língua seca e inchada, meu estômago vazio, tudo tinha perdido a suprema tortura do dia anterior.

"Eu olhava à minha frente a desanimadora distância, e novamente veio até mim a pergunta: 'Tenho a alma de um escravo ou a alma de um homem livre?' Então percebi com clareza que, se eu tivesse a alma de um escravo, entregaria os pontos, deixar-me-ia ficar ali deitado no deserto e morreria, um merecido fim para um escravo fugido.

"Mas e se tivesse a alma de um homem livre? Certamente faria tudo para voltar à Babilônia, pagaria àqueles que tinham confiado em mim, traria felicidade à minha esposa, que realmente me amava, e paz de espírito aos meus familiares.

"'Suas dívidas são os seus inimigos que o puseram para correr da Babilônia', tinha dito Sira. Sim, é isso mesmo. Por que me recusara a ficar em meu chão como um homem? Por que permitira que minha esposa voltasse para a casa do pai?

"Então, aconteceu uma coisa estranha. O mundo todo pareceu de uma cor diferente, como se eu tivesse estado olhando para ele através de uma pedra colorida, subitamente retirada. Via por fim os verdadeiros valores na vida.

"Morrer no deserto! Não eu! Com a nova visão, dei-me conta das coisas que tinha de fazer. Primeiro voltaria à Babilônia e enfrentaria corajosamente todos os meus credores. Contaria a eles que após anos de perambulações e infortúnio estava de volta para regular todas as minhas dívidas tão rapidamente quanto os deuses me permitissem. Depois daria um verdadeiro lar a minha esposa e me tornaria um cidadão cuja conduta encheria de orgulho meus pais.

"Minhas dívidas eram os meus inimigos, mas os homens a quem pedira emprestado eram meus amigos, pois tinham confiado e acreditado em mim.

"Eu caminhava sem sentir os pés firmes. Que importava a fome? Que importava a sede? Não passavam de incidentes no caminho para a Babilônia. Dentro de mim agitava-se a alma de um homem livre voltando à terra natal para conquistar seus inimigos e recompensar seus amigos. Eu vibrava com a resolução que tinha tomado.

"Os olhos turvos dos camelos brilharam ao timbre novo em minha voz rouca. Com grande esforço, depois de muitas tentativas, eles conseguiram sustentar-se sobre as pernas. Perseverantes, projetavam-se para a frente, em direção ao norte, onde algo dentro de mim me dizia que iríamos localizar a Babilônia.

"Encontramos água. Passamos por uma região mais fértil onde topamos com relva e frutas. Descobrimos a pista para a Babilônia, porque a alma de um homem livre olha a vida como uma série de problemas por resolver e os resolve, enquanto a alma de um escravo não se liberta da eterna lamúria: 'Que posso fazer se não passo de um escravo?'

"E quanto a você, Tarkad? O estômago vazio não lhe deixou a cabeça mais aguçada? Está pronto para pegar a estrada que pode trazer de volta seu autorrespeito? Já pode ver o mundo em sua verdadeira cor? Não tem o desejo de pagar honestamente suas dívidas, por maiores que sejam, e tornar-se mais uma vez um homem respeitado na Babilônia?"

Os olhos do jovem ficaram úmidos. Ele se levantou resolutamente.

— Você me fez ver algo importante. Já sinto vibrar em mim a alma de um homem livre.

— Mas como se arranjou nos primeiros tempos de seu retorno? — perguntou um ouvinte atento.

— *Onde há determinação, o caminho pode ser encontrado* — respondeu Dabasir. — Já me achava então determinado a fazer os planos corretos. Primeiro visitei todos os homens a quem devia dinheiro, rogando-lhes indulgência até que eu pudesse ganhar o suficiente para saldar meus débitos. A maioria aceitou de bom grado minha proposta. Vários me insultaram, mas outros renovaram a oferta de ajuda. Um deles, Mathon, o emprestador de dinheiro, ofereceu-me o verdadeiro socorro de que eu precisava. Informado de que eu tinha sido um guardador de camelos na Síria, ele me enviou a Nebatur, o negociante de camelos, que acabava de ser escolhido pelo nosso bom rei para comprar muitos rebanhos de camelos saudáveis para uma grande expedição. Assim, pus à disposição de Nebatur todo o meu conhecimento sobre tais animais. Paulatinamente tornei-me capaz de pagar cada moeda de cobre e cada moeda de prata. Pude por fim andar de cabeça erguida, sentindo-me um homem honrado entre os honrados cidadãos desta cidade.

Dabasir fez uma pausa, olhando para sua comida.

— Kauskor, seu caracol de uma figa — gritou bem alto para ser ouvido na cozinha —, a comida está fria. Traga-me mais comida do forno. Sirva uma generosa porção a Tarkad, o filho de meu velho amigo, que está faminto e comerá comigo.

Assim terminou a história de Dabasir, o negociante de camelos da velha Babilônia. Ele encontrou sua própria alma, quando compreendeu uma grande verdade, uma verdade conhecida e usada por homens sábios muito antes do seu tempo.

Ela tem tirado homens de todas as idades de dificuldades e conduzido ao sucesso, e assim continuará fazendo para todos aqueles que conseguem sentir seu mágico poder. Isso vale para qualquer pessoa que leia estas linhas.

> *Onde há determinação,*
> *o caminho pode ser encontrado*

AS TABUINHAS DE ARGILA DA BABILÔNIA

ST. SWITHIN'S COLLEGE
NOTTINGHAM UNIVERSITY
Newark-on-Trent
Nottingham

21 de outubro de 1934

Professor Franklin Caldwell,
Responsável pela expedição científica britânica
a Hillah, Mesopotâmia.

Caro Professor:

Sua carta e as cinco tabuinhas de argila achadas durante sua recente escavação nas ruínas da Babilônia chegaram no mesmo barco. Fiquei extraordinariamente fascinado e passei muitas horas agradáveis traduzindo as inscrições. Queria responder imediatamente à sua carta, mas achei melhor esperar até que tivesse completado a tradução das tabuinhas.

Elas chegaram em bom estado, graças ao uso providencial de anteparos e ao excelente empacotamento.

Você ficará perplexo, tanto quanto nós mesmos ficamos aqui no laboratório, com a história que elas contam. Em geral esperamos que o impreciso e distante passado fale de romance e aventura, coisas como *As mil e uma noites*, você sabe. Quando, em vez disso, esse mesmo passado revela os problemas enfrentados por um homem chamado Dabasir para saldar suas dívidas, percebe-se que as condições que regiam o mundo antigo não mudaram muito nesses cinco mil anos.

É estranho, mas essas velhas inscrições me passaram um "trote", como dizem os estudantes. Sendo um professor universitário, sempre me julguei um pensador que detivesse um conhecimento prático a respeito de muitos assuntos. E então me aparece esse velho sujeito, saído dos mundos soterrados da Babilônia, oferecendo uma maneira, de que nunca ouvi falar, de resolver o problema de minhas dívidas e ao mesmo tempo andar com moedas de ouro tilintando em meu bolso.

Como seria agradável e interessante averiguar se tal sistema funcionaria tão bem nos dias de hoje quanto o fez na antiga Babilônia. A Sra. Shrewsbury e eu estamos planejando testá-lo em nossos próprios negócios, que poderão melhorar muito.

Desejando-lhe toda a sorte do mundo em seu valioso empreendimento e aguardando impacientemente outra oportunidade de servir, despeço-me

com os sinceros cumprimentos de
Alfred H. Shrewsbury,
Departamento de Arqueologia

Tabuinha I

Neste momento, em noite de lua cheia, eu, Dabasir, recém-fugido da escravidão na Síria, com a determinação de saldar dívidas que reconheço publicamente, e fazer de mim mesmo um homem de posses respeitado em minha cidade natal da Babilônia, mando gravar sobre a argila um registro permanente de meus negócios para guiar-me e assistir na satisfação de meus altos desejos.

Escorando-me nos conselhos de meu bom amigo Mathon, o emprestador de dinheiro, acho-me determinado a seguir um plano preciso que, segundo ele, pode tirar qualquer cidadão dos embaraços de uma situação de dívida para uma situação de posses e autorrespeito.

Esse plano inclui três propósitos que espero e desejo realizar.

Primeiro, o plano é a garantia de minha futura prosperidade.

Por isso, um décimo de tudo quanto eu ganhar será separado e guardado. Pois Mathon fala sabiamente quando diz:

"Aquele que guarda em sua bolsa ouro e prata que não precisa gastar é bom para a família e leal com seu rei.

"Aquele que não tem em sua bolsa senão algumas moedas de cobre é indiferente à família e indiferente a seu rei.

"Mas o homem que não tem nada em sua bolsa é insensível à família e desleal com seu rei, pois seu próprio coração é amargo.

"Por isso, o homem que deseja atingir seus objetivos deve ter moedas tilintando em sua bolsa, sinal de que tem em seu coração amor pela família e lealdade para com o rei."

Segundo, o plano deve permitir que eu sustente e vista minha boa esposa, que, com toda a dignidade, voltou para viver comigo. Pois Mathon afirma que cuidar adequadamente de uma esposa leal confere autorrespeito ao coração de um homem e propicia força e determinação a seus propósitos.

Por isso, sete décimos de tudo quanto eu ganhar serão usados em nossa casa, na aquisição de roupas e comida, além de uma pequena parcela destinada aos prazeres e aos divertimentos. Mas é absolutamente necessário que não se gastem mais do que sete décimos nessas coisas. O sucesso do plano depende disso. Devo viver com essa parcela e nunca usar mais do que isso ou comprar o que esteja além desse limite.

Tabuinha II

Terceiro, o plano deve garantir que meus ganhos tenham condição de saldar todas as minhas dívidas.

Por isso, na ocasião da lua cheia, dois décimos de tudo que eu tiver ganhado serão divididos honrada e razoavelmente entre aqueles que confiaram em mim e a quem pedi emprestado. Assim, em seu devido tempo, todas as minhas dívidas estarão certamente liquidadas.

Como um lembrete, mandei gravar nesta argila o nome de todos os cidadãos a quem pedi emprestado e a honesta soma de meus débitos.

Fahru, o tecelão, 2 moedas de prata, 6 de cobre.

Sinjar, o fazedor de assentos, 1 moeda de prata.

Ahmar, meu amigo, 3 moedas de prata, 1 de cobre.

Zankar, meu amigo, 4 moedas de prata, 7 de cobre.

Askamir, meu amigo, 1 moeda de prata, 3 de cobre.

Harinsir, o ourives, 6 moedas de prata, 2 de cobre.

Diarbeker, o amigo de meu pai, 4 moedas de prata, 1 de cobre.

Alkahad, meu senhorio, 14 moedas de prata.

Mathon, o emprestador de dinheiro, 9 moedas de prata.

Birejik, o fazendeiro, 1 moeda de prata, 7 de cobre.

(A tabuinha está danificada a partir daqui. Não pôde ser decifrada.)

Tabuinha III

Devo a esses credores um total de 119 moedas de prata e 141 moedas de cobre. Prezo tais compromissos e não vendo como pagar, em minha loucura permiti que minha esposa voltasse para o pai, enquanto eu mesmo deixava minha cidade natal, somente para encontrar desgraça e ver-me degradantemente vendido como escravo.

Agora que Mathon me mostra como posso saldar minhas dívidas a partir de pequenas somas tiradas de meus próprios ganhos, percebo com clareza a grande extensão de minha loucura ao fugir das consequências provocadas por minhas extravagâncias.

Por isso, visitei meus credores e expliquei-lhes que não tinha outros recursos para pagar-lhes senão minha capacidade para ganhar dinheiro, e que eu tencionava destinar dois décimos de tudo que ganhasse para a amortização das dívidas, honesta e periodicamente. Não poderia desembolsar mais do que isso. Se fossem pacientes, com o tempo todas as minhas obrigações estariam integralmente resolvidas.

Ahmar, que eu julgava ser o meu melhor amigo, injuriou-me amargamente, e me retirei sentindo-me realmente humilhado. Birejik rogou que eu lhe pagasse primeiro, porque estava precisando de ajuda. Alkahad, meu senhorio, revelou-se um sujeito desagradável e garantiu que me poria em maus lençóis se eu não resolvesse logo a situação com ele.

Os demais tiveram a boa vontade de aceitar minha proposta. Por isso estava mais determinado como nunca a resolver tudo aquilo, convencido de que é mais fácil acertar as dívidas do que evitá-las. Ainda que não tivesse podido satisfazer integralmente as necessidades e os caprichos de alguns poucos credores, negociei imparcialmente com todos.

Tabuinha IV

Outra lua cheia. Trabalhei arduamente, com a cabeça em paz. Minha boa esposa tem me apoiado na intenção de pagar a meus credores. Devido à nossa sábia determinação, ganhei durante a última lua, comprando camelos de bom fôlego e boas pernas para Nebatur, a soma de 19 moedas de prata.

Dividi-a de acordo com meu plano. Separei um décimo para guardar, dividi sete décimos com a esposa para o nosso sustento. Dois décimos, uniformemente divididos em moedas de cobre, foram destinados a meus credores.

Não estive com Ahmar, mas deixei a parte dele com sua esposa. Birejik ficou tão satisfeito que quis beijar minha mão. Só o velho Alkahad continuava rabugento e disse que eu devia pagar mais rápido. Repliquei-lhe que eu só teria condições de pagar mais rápido se deixasse de me preocupar com o sustento da casa e de minha esposa. Todos os demais me agradeceram e elogiaram meus esforços.

Por isso, ao final de uma lua, meu endividamento foi reduzido a quase quatro moedas de prata, e já tenho quase duas moedas de prata guardadas que ninguém pode reivindicar. Meu coração se acha mais leve, coisa que há muito não experimentava.

De novo o plenilúnio. Trabalhei duro, mas com pouco sucesso. Vendi apenas alguns camelos. Meus ganhos não foram além de 11 moedas de prata. Entretanto, minha boa esposa e eu continuamos fechados com o plano, ainda que não tenhamos comprado roupa alguma, limitando-nos, inclusive, a uma alimentação frugal. Ainda dessa vez separei para guardar um décimo das 11 moedas e sete décimos para as despesas. Fiquei surpreso quando Ahmar louvou meu pagamento, ainda que pequeno. Birejik comportou-se do mesmo modo. Alkahad encolerizou-se, mas, quando viu que podia ficar sem sua parcela se não a aceitasse, concordou comigo. Os demais, como sempre, não fizeram quaisquer restrições.

Mais uma vez a lua cheia toma conta do céu, e me sinto extremamente feliz. Topei com um magnífico rebanho de camelos e comprei alguns bem saudáveis, tendo conseguido ganhar 42 moedas de prata. Esta lua minha esposa e eu compramos sandálias e roupas, de que estávamos bem necessitados. Além disso, fizemos boas ceias, acompanhadas inclusive de aves.

Paguei aos credores mais de oito moedas de prata. Dessa vez, nem Alkahad protestou.

Grande é o plano, pois ele tem nos tirado do endividamento e propicia-nos a possibilidade de guardar o que nos pertence de direito.

Já se passaram três luas cheias desde que fiz este último entalhe na argila. Em cada uma delas paguei a mim mesmo um décimo de tudo quanto consegui com o meu trabalho. E durante esse mesmo tempo minha boa esposa e eu vivemos sempre com sete décimos adrede separados, ainda que às vezes isso se tivesse mostrado mais difícil. E paguei regularmente a meus credores os dois décimos a eles destinados.

Minhas economias somam agora 21 moedas de prata. Isso faz com que eu sinta a cabeça no lugar e me deixa orgulhoso por poder caminhar entre meus amigos.

Minha esposa cuida muito bem de nossa casa e se veste com decoro e elegância. Sentimo-nos felizes por estarmos juntos.

O plano é de um valor indizível. Além de ter feito de um ex-
-escravo um honrado cidadão.

Tabuinha V

Veio de novo a lua cheia, e percebo que já faz um bom tempo que comecei a entalhar a argila. Na verdade, 12 luas vieram e se foram. Mas hoje especialmente não negligenciarei meu registro, pois acabo de pagar a última de minhas dívidas. Hoje é o dia em que minha boa esposa e meu agradecido ser comemoram com um grande banquete o fato de nossa determinação ter chegado a bom termo.

Aconteceram tantas coisas em minha última visita aos credores que ainda me lembrarei disso por muito tempo. Ahmar rogou-me que lhe perdoasse por suas palavras duras e disse que eu era, entre todos os demais, a pessoa que mais desejava para seu amigo.

O velho Alkahad não é assim tão mal, apesar de tudo, pois me disse: "Antes você era um pedaço de argila mole que todo mundo podia apertar e modelar, mas agora é uma peça de bronze capaz de enfrentar uma espada. Se em algum momento precisar de ouro ou de prata, procure-me."

E ele não é o único que me tem em alta conta. Muitos outros dirigem-se a mim com respeito. Minha boa esposa fita-me com um brilho nos olhos que me leva a ter confiança em mim mesmo.

Esse é o plano que me propiciou sucesso. Ele me capacitou a pagar todas as minhas dívidas e conservar minha bolsa repleta de ouro e prata. Recomendo-o a todos que desejam o êxito. Pois se fez com que um ex-escravo tivesse condição de pagar suas dívidas, não ajudaria qualquer outro ser humano que buscasse a independência? E ainda continuo a utilizá-lo, pois estou convencido de que poderei estar entre os homens mais ricos do mundo.

ST. SWITHIN'S COLLEGE
NOTTINGHAM UNIVERSITY
Newark-on-Trent
Nottingham

7 de novembro de 1936

Professor Franklin Caldwell,
Responsável pela expedição científica britânica
a Hillah, Mesopotâmia.

Caro Professor:

Se, em suas futuras escavações nas ruínas da Babilônia, encontrar o fantasma de um antigo habitante, um velho negociante de camelos chamado Dabasir, faça-me um favor. Diga-lhe que o que ele andou gravando nessas tabuinhas de argila há tanto tempo rendeu-lhe os votos de gratidão de um casal de professores universitários aqui na Inglaterra.

Você provavelmente se lembra de minhas palavras na carta de outubro de 1934, quando lhe disse que a sra. Shrewsbury e eu iríamos tentar pôr em prática o plano de Dabasir, ou seja, amortizar nossas dívidas e ao mesmo tempo guardar parte do dinheiro. Você já deve ter adivinhado, ainda que tivéssemos nos limitado ao círculo de nossos amigos, nossas desesperadoras dificuldades.

Vínhamos há anos sendo espantosamente humilhados por um grupo de velhas dívidas e morríamos de preocupação com medo de que alguns credores pudessem armar um escândalo que nos forçaria a sair da universidade. Nós pagávamos e pagávamos cada centavo que podíamos espremer de nossa renda, já por si muito aquém do suficiente para as nossas despesas. Por outro lado, éramos obrigados a fazer todas as compras onde tivéssemos crédito em médio e longo prazos, sem termos condições, em vista disso, de reclamar contra os preços.

Isso evoluiu para um desses círculos viciosos em que as coisas, em vez de melhorar, pioram. Nossos esforços eram improfícuos. Não podíamos mudar para uma casa mais em conta, porque devíamos ao senhorio. Não víamos luz nenhuma no fim do túnel.

E de repente nos aparece esse seu conhecido, o velho negociante de camelos da Babilônia, com um plano inteiramente ajustado ao nosso caso, convidando-nos jovialmente a seguir o sistema que ele mesmo utilizou em seu próprio tempo. Fizemos uma lista de todos os nossos débitos, saí com ela e mostrei-a a cada um de nossos credores.

Expliquei-lhes como era humanamente impossível pagar-lhes do jeito que as coisas iam. Eles mesmos podiam perceber isso de imediato pelas quantias. Ponderei que o único modo de pagar-lhes integralmente seria separar todo mês 20% de minha renda e fazer um rateio entre os credores, o que me permitiria liquidar a dívida no mínimo dentro de dois anos. E que nesse meio tempo criaríamos uma espécie de livro-razão e daríamos prioridade a eles em nossas compras.

Eles ficaram realmente satisfeitos. Nosso verdureiro, um velhinho esperto como o quê, interpretou a ideia de uma maneira que ajudou a convencer os demais. "Se você pagar por tudo que compra e pagar apenas uma parte do que deve, será ainda melhor, pois você não vai liquidar seu débito em menos de três anos."

Finalmente formulei um acordo por escrito com o nome de todos, determinando que eles estariam proibidos de nos molestar enquanto os 20% de nossa renda estivessem sendo pagos em dia. Minha mulher e eu começamos então a criar um esquema que nos permitisse viver com 70%. Estávamos resolvidos a poupar 10%. O pensamento da prata e até do ouro tilintando era realmente mais sedutor.

Essa mudança em nosso cotidiano era uma aventura. Divertíamo-nos com a ideia de viver confortavelmente com os 70% restantes. Começamos com o aluguel e conseguimos uma bela redução. Depois pusemos sob suspeita as marcas prediletas do que consumíamos, e foi uma agradável surpresa descobrir como frequentemente podemos comprar artigos de qualidade superior a um preço mais em conta.

Para encurtar a história, não foi nada difícil tomar essas resoluções. Levávamos o plano adiante, com muita alegria, ainda por cima. Que alívio ter arrumado nossos negócios de tal modo que por muito tempo não fomos mais perseguidos pelas dívidas do passado.

Não devo deixar, entretanto, de contar-lhe sobre esses 10% que tínhamos resolvido poupar. Conseguimos fazê-lo por algum tempo. Não ria antes da hora. Essa é a parte divertida. É realmente engraçado começar a acumular dinheiro que você não quer gastar. Há mais prazer em ver aumentar uma reserva de dinheiro supostamente excedente do que poderia haver gastando-a.

Depois de ter poupado até onde achamos necessário, encontramos um emprego mais lucrativo para as nossas economias. Fizemos um investimento em que pudéssemos pagar esses 10% todo mês. Isso provou ser o aspecto mais satisfatório de nossa regeneração. É a primeira coisa que pagamos já descontada em folha.

Há uma grande sensação de segurança em saber que nosso investimento cresce de maneira estável. Enquanto isso, meus dias de aula tornaram-se mais bem-remunerados, algo suficiente para nos sustentar daqui por diante.

Tudo isso a partir do mesmo velho cheque. Difícil de acreditar, mas absolutamente verdadeiro. Todas as nossas dívidas sendo gradualmente pagas e nossos investimentos crescendo ao mesmo tempo. Além disso, vivemos, financeiramente falando, muito melhor do que antes. Quem acreditaria haver uma diferença de tal monta em termos de resultado entre seguir um plano financeiro e simplesmente deixar-se levar pela corrente?

No final do próximo ano, quando todos os nossos velhos débitos já não existirão, teremos condição de aumentar o valor dos nossos investimentos, além de uma quantia extra para viajar. Estamos determinados a nunca mais permitir que nossas despesas mensais ultrapassem 70% de nossos vencimentos.

Agora você pode entender por que gostaríamos de estender nossos agradecimentos pessoais a esse velho cara cujo plano salvou-nos do que era o nosso "inferno na terra"?

Ele sabia. Ele passou por tudo isso. Ele queria beneficiar os outros a partir de suas próprias amargas experiências. Foi por isso que levou tediosas horas gravando sua mensagem na argila.

Ele tinha uma mensagem verdadeira para companheiros no sofrimento, uma mensagem tão importante que depois de cinco mil anos ergueu-se das ruínas da Babilônia, não menos verdadeira ou menos vital do que no dia em que foi enterrada.

Com os sinceros cumprimentos
de Alfred H. Shrewsbury,
Departamento de Arqueologia

# O HOMEM DE MAIS SORTE DA BABILÔNIA

À frente de sua caravana vinha orgulhosamente montado Sharru Nada, o mais importante comerciante da Babilônia. Ele gostava de roupas finas e usava uma túnica elegante e cara. Gostava de animais de classe e montava seu vigoroso garanhão árabe. Quem quer que o contemplasse dificilmente adivinharia sua avançada idade. E certamente ninguém teria suspeitado de que por dentro ele se achava bastante preocupado.

A viagem desde Damasco era longa, e não têm conta as adversidades do deserto. Ele não pensava nelas. As tribos árabes são ferozes e ávidas por pilhar caravanas ricas. Ele não as temia, pois seus muitos guardas montados eram uma segura proteção.

O que o enchia de inquietação era o jovem a seu lado, que estava trazendo de Damasco. Tratava-se de Hadan Gula, o neto de um velho sócio, Arad Gula, a quem se sentia ligado por uma dívida de gratidão que nunca poderia ser paga. Gostaria de fazer algo pelo rapaz, mas, quanto mais pensava nisso, mais difícil lhe parecia por causa do próprio jovem.

Vendo os anéis e os brincos do jovem, pensou de si para consigo: "Ele acha que joias são para homens, embora tenha o mesmo rosto enérgico do avô. Mas este não usava túnicas tão berrantes. Procurei, porém, trazê-lo, na esperança de ajudá-lo a começar por si mesmo e livrar da ruína o que seu pai tem feito da herança deles."

Hadan Gula tirou-o de seus pensamentos.

— Por que trabalha tão arduamente, acompanhando sempre sua caravana em longas viagens? Nunca arranja tempo para gozar a vida?

— Gozar a vida? — repetiu Sharru Nada, sorrindo. — O que você faria para gozar a vida se estivesse em meu lugar?

— Se fosse tão rico quanto você, levaria a vida de um príncipe. Nunca montaria um animal para cruzar o tórrido deserto. Gastaria os siclos tão rapidamente quanto viessem para minha bolsa. Usaria as mais caras túnicas e as joias mais raras. Seria uma vida a meu gosto, algo que realmente valeria a pena.

Os dois riram.

— Seu avô não usava joias — disse Sharru Nada, pensativo. Depois continuou, brincando: — Não reservaria tempo algum para trabalhar?

— O trabalho foi feito para escravos — respondeu Hadan Gula.

Sharru Nada mordeu os lábios, mas não fez nenhuma réplica, seguindo em silêncio até que a trilha os tivesse levado ao declive. Ali freou a montaria e apontou ao longe o vale verdejante.

— Veja, aí se acha o vale. Procure levar mais adiante seus olhos e entreverá, ainda indistintamente, as muralhas da Babilônia. A torre é o Templo de Bel. Se tiver olhos de lince, perceberá inclusive a fumaça que sobe do fogo perene instalado em seu topo.

— A Babilônia é assim? Sempre almejei conhecer a mais rica cidade em todo o mundo — comentou Hadan Gula. — A Babilônia, onde meu avô começou sua fortuna. Quem dera ele ainda estivesse vivo. Não deveríamos ser tão apressados.

— Por que deveria o espírito dele ficar na terra além do tempo que lhe foi reservado? Você e seu pai podem muito bem prosseguir as boas coisas que ele fez.

— Ai de mim, nenhum de nós dois possui os talentos de meu avô. Nem papai nem eu conhecemos seu segredo para atrair os dourados siclos.

Sharru Nada não respondeu, mas, pensativo, afrouxou a rédea e deixou sua montaria descer o declive na direção do vale. Atrás deles seguia a caravana numa nuvem de poeira avermelhada. Algum tempo depois alcançavam a estrada real e dobravam ao sul, através das fazendas irrigadas.

Três velhos homens arando um campo despertaram a atenção de Sharru Nada. Pareciam estranhamente familiares. Que coisa mais ridícula! Ninguém passa quarenta anos depois por um campo e encontra os mesmos homens arando o terreno. Mas alguma coisa dentro de si dizia que eram eles. Um, com uma força incerta, manejava o arado. Os outros conduziam com grande dificuldade os bois, batendo-lhes inutilmente com seus cajados para obrigá-los a continuar puxando.

Quarenta anos atrás tinha invejado esses homens! Com que felicidade teria então trocado de lugar com eles! Mas que diferença agora! Olhou com orgulho para trás, apreciando a caravana que o seguia, com seus camelos e burros criteriosamente escolhidos, abarrotados de mercadorias valiosas trazidas de Damasco. E tudo isso era apenas uma parte de todos os seus bens.

Ele apontou para os homens que trabalhavam a terra e disse:

— Continuam arando o mesmo terreno em que se encontravam há quarenta anos.

— É o que parece, mas por que acha que são os mesmos?

— Eu os vi ali uma vez — respondeu Sharru Nada.

As recordações passaram como um raio por sua mente. Por que não podia enterrar o passado e viver no presente? E então viu, como numa imagem, o rosto sorridente de Arad Gula. A barreira entre ele mesmo e o cínico jovem a seu lado dissolveu-se.

Mas como podia ajudar um jovem enfatuado como este, com suas ideias de perdulário e as mãos cheias de joias? Podia oferecer trabalho à vontade para homens com boa disposição, mas não para aqueles que se presumiam superiores demais para exercer um determinado ofício. Entretanto, devia a Arad Gula a obrigação de fazer realmente alguma coisa, não uma tentativa sem entusiasmo. Ele e Arad Gula nunca tinham agido desse modo, não eram dessa espécie de homens.

De repente veio-lhe à cabeça um plano. Havia objeções. Tinha que levar em conta sua própria família e sua posição. Seria uma coisa cruel e agressiva. Homem de decisões rápidas, pôs de lado as objeções e resolveu agir.

— Estaria interessado em saber como seu conceituado avô e eu mesmo formamos uma sociedade que se mostrou bastante lucrativa? — perguntou ele.

— Por que não me conta só como conseguiu os dourados siclos? É tudo que preciso saber — aparou o jovem.

Sharru Nada ignorou a resposta e continuou: — Vamos começar por esses homens que vimos trabalhando a terra. Eu podia ter então a sua idade. Quando a coluna em que me encontrava se aproximou, o velho e bom Megiddo, o fazendeiro, zombou da maneira desajeitada com que eles usavam os instrumentos. Megiddo estava acorrentado junto a mim. "Olhe para esses companheiros preguiçosos", protestou ele. "O que maneja o arado não faz o menor esforço para abrir sulcos profundos, nem os batedores conseguem manter os bois na linha certa. Como podem esperar uma boa colheita arando de tal forma?"

— Disse que Megiddo estava acorrentado a você? — perguntou Hadan Gula, surpreso.

— Sim, com argolas de bronze em volta do pescoço e um pedaço de pesada corrente entre nós. A seu lado achava-se Zabado, o ladrão de ovelhas. Tinha-o conhecido em Harroun. No final, vinha um homem a quem chamávamos de Pirata, pois não nos dissera seu nome. Pensamos tratar-se de um marujo, porque trazia no peito uma tatuagem de serpentes entrelaçadas à moda do mar. A coluna era assim constituída para que os homens andassem de quatro em quatro.

— Você estava acorrentado como um escravo? — perguntou Hadan Gula, sem acreditar.

— Seu avô não lhe contou que eu já fui um escravo?

— Ele sempre falou sobre você, mas nunca insinuou nada a esse respeito.

— Ele era um homem a quem se podia confiar os mais íntimos segredos. Creio que também posso confiar em você, não é mesmo?

— Sharru Nada olhou-o diretamente nos olhos.

— Você pode contar com o meu silêncio, mas estou perplexo. Conte-me como chegou a ser um escravo.

Sharru Nada deu de ombros.

— Qualquer homem pode acordar numa bela manhã como um escravo. Foi uma casa de jogo e o excesso de bebida que me trouxeram tal desgraça. Fui vítima das imprudências de meu irmão. Numa briga, ele matou seu amigo de copo. Meu pai me entregou à viúva, desesperado para proteger meu irmão contra o braço da lei. Como depois ele não tivesse conseguido dinheiro suficiente para libertar-me, a mulher, raivosa, me vendeu para um mercador de escravos.

— Que vergonha e injustiça! — protestou Hadan Gula. — Mas, diga-me, como conseguiu ganhar a liberdade?

— Calma, chegaremos lá. Ouça primeiro a história. Quando passamos, esses homens que estavam trabalhando a terra zombaram de nós. Um deles tirou o chapéu rasgado da cabeça e fez uma mesura, quase gritando: "Bem-vindos à Babilônia, hóspedes do rei. Ele os espera nas muralhas da cidade, onde o banquete é farto: tijolos de lama e sopa de cebolas." E todos eles riram ruidosamente.

"Pirata encolerizou-se e xingou-os. 'Que querem dizer com isso, que o rei nos espera nas muralhas?', perguntei-lhe.

"'Que vamos para as muralhas da cidade carregar tijolos até que nossas costas se quebrem. Talvez eles o surrem até a morte antes que os próprios tijolos acabem com você. Mas eu não deixarei que me batam. Eu os matarei.'

"Megiddo tomou a palavra: 'Não faz sentido para mim a ideia de amos batendo em escravos diligentes, dispostos ao trabalho, até a morte. Os amos gostam de bons escravos e tratam-nos bem.'

"'Quem quer trabalhar pesado?', comentou Zabado. 'Esses homens aí curvados ao arado são sujeitinhos espertos. Não estão quebrando as próprias costas. Só fazem de conta que estão dando duro.'

"'Você não prospera usando de malandragem', protestou Megiddo. 'Se conseguir lavrar um hectare, terá sido um bom dia de trabalho, e o amo reconhece isso. Mas, se lavrar apenas a metade, isso prova que fez corpo mole no serviço. Eu não faço hora. Gosto de trabalhar e gosto de fazer um bom trabalho, pois o trabalho é o melhor amigo que já conheci. Ele me deu todas as boas coisas que já tive — minha fazenda, meu gado leiteiro, minhas colheitas, tudo.'

"'Vejam só quem fala, e onde estão essas boas coisas agora?', zombou Zabado. 'Imagino ser muito melhor continuar vivo e arranjar-se sem trabalho. Veja o meu exemplo. Se formos vendidos para perder o couro nas muralhas, serei destinado ao transporte de sacos d'água ou algum outro trabalho fácil, enquanto você, que gosta de pegar no pesado, estará quebrando as costas de tanto carregar tijolos.' Com um riso idiota, ficou em silêncio de novo.

"O terror apoderou-se de mim naquela noite. Não pude conciliar o sono. Aproximei-me da corrente mestra e, quando os outros dormiam, atraí a atenção de Godoso, que era o primeiro a ficar de vigia. Ele era um daqueles bandidos árabes, espécie de tratante que, além de roubar o dinheiro da vítima, não hesita igualmente em cortar-lhe a garganta.

"'Diga-me, Godoso', sussurrei, 'quando chegarmos à Babilônia, seremos vendidos para trabalhar nas muralhas?'

"'Por que quer saber?', perguntou ele, cautelosamente.

"'Mas não está vendo?!', insisti. 'Sou jovem. Quero viver. Não quero trabalhar nem ser espancado até a morte nas muralhas. Tenho alguma chance de encontrar um bom amo?'

"Ele sussurrou de volta: 'Vou lhe contar uma coisa. Você é um bom camarada, não perturba Godoso. Estive muitas vezes no mercado de escravos. Agora, ouça. Quando os compradores aparecerem, diga-lhes que é um bom trabalhador e que gosta de trabalhar muito para um bom amo. Faça com que eles queiram comprá-lo. Do contrário, já no outro dia estará carregando tijolos. Dando um duro dos diabos.'

"Depois que ele se afastou, deitei-me na areia quente, olhando as estrelas e pensando em trabalho. Megiddo teimara que este era o seu melhor amigo; muito me surpreenderia se eu também viesse a ter a mesma opinião. Certamente teria, se o trabalho me livrasse de tudo aquilo.

"Quando Megiddo acordou, contei-lhe baixinho minhas boas novas. Era nosso único raio de esperança quando nos pusemos em marcha para a Babilônia. No final da tarde aproximamo-nos das muralhas e pudemos ver as fileiras de homens, como formigas negras, subindo e descendo ladeiras íngremes. De mais perto ainda, ficamos impressionados com os milhares de homens trabalhando; alguns estavam cavando no fosso, outros confundiam-se com a sujeira dos tijolos de lama. O maior número carregava os tijolos em imensos cestos através das trilhas escarpadas até os pedreiros.*

"Inspetores praguejavam contra os retardatários e desciam o chicote de couro de boi nas costas daqueles que não conseguiam ficar em linha. Víamos os pobres companheiros vacilarem esgotados e caírem sob o peso de seus cestos, incapazes de tornarem a levantar-se. Se a chicotada alcançava-lhes os pés, eles eram arrastados para o lado dos caminhos e deixados ali, contorcendo-se de dor.

---

* Os famosos trabalhos da antiga Babilônia — suas muralhas, templos, jardins suspensos e grandes canais — foram realizados pela mão escrava, conseguida principalmente entre os prisioneiros de guerra, o que explica o tratamento desumano que receberam. Essa força de trabalho incluía igualmente muitos cidadãos da Babilônia e de suas províncias que tinham sido vendidos como escravos por causa de crimes ou problemas financeiros. Era um costume corrente que os homens oferecessem a si mesmos, esposas e filhos como caução relativa a dívidas, julgamentos legais ou outras obrigações. No caso de não cumprimento, as pessoas entregues como garantia eram vendidas como escravas.

Logo seriam dragados para baixo, a fim de juntar-se a outros corpos jogados ao lado da estrada, esperando uma sepultura ímpia. Quando vi o pavoroso espetáculo, tremi da cabeça aos pés. Então era isso o que esperava o filho de meu pai se não fosse vendido no mercado.

"Godoso tinha falado com razão. Fomos conduzidos através dos portões da cidade até a prisão dos escravos e na manhã seguinte levados para a praça do mercado. Ali o resto dos homens achava-se petrificado de medo, e só o chicote de nosso guarda pôde convencê-los a adiantar-se para serem examinados pelos compradores. Megiddo e eu mesmo falávamos avidamente com qualquer homem a quem se nos permitia dirigirmo-nos.

"O negociante de escravos chamou soldados da guarda real, que algemaram Pirata e brutalmente o açoitaram quando ele protestou. Assim que o carregaram dali, senti uma grande pena dele.

"Megiddo percebeu que logo seríamos separados. Quando nenhum comprador se achava por perto, ele me falava com veemência para deixar marcado em minha mente como o trabalho seria valioso para mim no futuro: 'Alguns homens o odeiam. Fazem dele um inimigo. É melhor tratá-lo como um amigo, aprender a gostar dele. Não se preocupe com que seja árduo. Se pensar nisso como uma casa que você constrói, então quem se importa que as vigas sejam pesadas ou que se ache distante o lugar aonde tem de apanhar água para o estuque? Prometa-me, rapaz, que se tiver um amo vai trabalhar para ele o mais arduamente que puder. Se ele não apreciar tudo quanto você faz, não se preocupe. Lembre-se, o trabalho bem-feito traz satisfação a quem quer que o tenha realizado e torna o homem melhor.' Ele se calou quando um fazendeiro troncudo aproximou-se do cercado e nos olhou como quem examina uma mercadoria.

"Megiddo interrogou-o sobre sua fazenda e colheitas, logo convencendo o homem de que seria de grande utilidade para ele. Depois de uma violenta negociação com o vendedor de escravos, o fazendeiro tirou de sob a túnica uma gorda bolsa, e logo Megiddo seguia o novo amo, saindo do campo de minha visão.

"Alguns outros homens foram vendidos durante a manhã. Ao meio-dia Godoso confiou-me que o vendedor estava impaciente e que não ficaria ali mais uma noite, antes transferiria todos os que tivessem restado, ao pôr do sol, ao comprador do rei. Eu estava ficando desesperado, quando um homem gordo, de aparência afável, aproximou-se de onde nos encontrávamos e perguntou se havia ali entre nós algum padeiro.

"Cheguei para perto dele, dizendo: 'Por que deveria um bom padeiro como você procurar outro padeiro de talentos inferiores? Não seria mais fácil ensinar a um homem decidido como eu os seus preciosos talentos? Olhe para mim, sou jovem, forte e amante do trabalho. Dê-me uma chance, e farei o impossível para ganhar ouro e prata para o seu bolso.'

"Ele ficou impressionado com minha boa disposição e começou a negociar com o vendedor, que não tinha reparado em mim desde que me comprara, mas que agora gabava com eloquência minhas habilidades, saúde e boa constituição. Senti-me como um boi gordo sendo vendido a um açougueiro. Por fim, para minha alegria, o negócio foi fechado. Saí dali seguindo meu novo mestre, achando que era o homem de mais sorte na Babilônia.

"O novo lar era muito a meu gosto. Nana-naid, meu amo, ensinou-me a moer a cevada na pedra redonda que ficava no pátio, a pôr e acender a lenha no forno e a reduzir a um pó finíssimo a farinha de gergelim para os bolinhos de mel. Eu tinha um leito no barracão onde eram guardados os cereais. Uma velha escrava que servia como governanta, Swasti, alimentava-me convenientemente e estava satisfeita com minha boa vontade em ajudá-la nas tarefas mais duras.

"Ali estava a chance há muito esperada de mostrar-me útil a meu amo e, quisessem os deuses, de encontrar um meio para ganhar a liberdade.

"Pedi a Nana-naid que me ensinasse a fazer a massa do pão e a assá-lo. Foi o que ele fez, muito animado com meu interesse. Mais tarde, quando já dominava esse terreno, aprendi a preparar e a assar os bolinhos de mel. A possibilidade de ócio encantou meu dono, mas Swasti balançava a cabeça, desaprovando. 'Não trabalhar é uma coisa ruim para qualquer homem', declarou ela.

"Achei que já era tempo de pensar numa maneira de começar a obter dinheiro para comprar minha liberdade. Como a feitura dos pães encerrava-se ao meio-dia, julguei poder contar com a aquiescência de Nana-naid se eu encontrasse uma ocupação lucrativa para a parte da tarde e que ele não se importaria em dividir comigo os meus próprios ganhos. Tive a seguinte ideia: por que não assar uma quantidade maior de bolinhos de mel e vendê-los a homens famintos nas ruas da cidade?

"Apresentei o plano a Nana-naid, dizendo-lhe: 'Se eu puder usar minhas tardes, depois que os pães estiverem assados, a fim de ganhar dinheiro para você, não lhe bastará senão dividir os ganhos comigo, para que eu possa ter o meu próprio dinheiro e gastá-lo com essas coisas que todo homem deseja e precisa.'

"'Mais do que justo', concordou ele. Quando lhe falei sobre o plano de vender nas ruas nossos bolinhos de mel, ele logo se entusiasmou com a ideia. 'Eis o que faremos', sugeriu. 'Você venderá cada dois bolinhos por uma moeda de cobre. Metade das moedas ficará comigo para pagar pela farinha, o mel e a lenha para o forno. Dividiremos o que sobrar meio a meio.'

"Fiquei muito feliz com seu generoso oferecimento, que me permitiria guardar para mim um quarto das vendas. Naquela noite trabalhei até tarde para fazer uma bandeja na qual empilhar os bolinhos. Nana-naid me deu uma de suas túnicas usadas, para me mostrar apresentável, e Swasti ajudou-me a remendá-la e lavá-la.

"No dia seguinte assei uma quantidade extra de bolinhos de mel. Ficaram tostadinhos e tentadores sobre a bandeja, e percorri as ruas apregoando minha mercadoria. No princípio, ninguém pareceu interessado, e isso me deu um grande desânimo. Prossegui, e, já pelo final da tarde, à medida que as pessoas ficavam esfomeadas, os bolinhos começaram a sair, e logo minha bandeja ficou vazia.

"Nana-naid revelou-se contente com o meu sucesso e de bom grado pagou minha parte. Eu exultava com minhas moedas de cobre. Megiddo tinha razão quando afirmava que um amo apreciava o bom trabalho de seus escravos. Nessa noite, eu estava tão exultante com meu êxito que quase não pude dormir, tentando imaginar a soma total dos ganhos em um ano e de quantos anos precisaria para comprar minha liberdade.

"Como saía todos os dias com minha bandeja repleta de bolinhos, logo arranjei fregueses certos. Um desses não era outro senão seu avô, Arad Gula. Ele era um comerciante de tapetes e vendia para as donas de casa, indo de uma ponta à outra da cidade, acompanhado por um burro abarrotado de tapetes e um escravo negro para desdobrá-los. Ele comprava dois bolinhos para si mesmo e dois outros para o escravo, sempre se detendo para conversar comigo enquanto os comia.

"Seu avô disse-me um dia uma coisa que nunca mais esquecerei. 'Gosto dos seus bolinhos, meu jovem, mas muito mais da maneira refinada com que você os oferece. Esse espírito de iniciativa pode levá-lo longe na estrada do sucesso.'

"Mas como pode entender, Hadan Gula, o que tais palavras de encorajamento podem significar para um escravo ainda jovem, sozinho numa grande cidade, lutando com tudo que tinha em si para encontrar um modo de livrar-se das humilhações?

"À medida que os meses passavam, eu ia economizando cada vez mais os meus trocados. Meu alforje preso ao cinto ia começando a ganhar um peso bem gostoso. O trabalho estava provando ser meu melhor amigo, exatamente como dissera Megiddo. Eu estava feliz, mas Swasti mostrava-se preocupada: 'Temo que nosso amo esteja dissipando um tempo precioso nas mesas de jogo', disse ela.

"Não coube em mim de contente quando um dia cruzei com meu amigo Megiddo na rua. Ele conduzia ao mercado três burros carregados de verduras. 'Eu estou indo muito bem', disse ele. 'Meu amo aprecia tanto o meu bom trabalho que agora sou capataz. Como vê, ele me confia os negócios no mercado e inclusive mandou buscar minha família. O trabalho está me ajudando a recuperar-me dos meus grandes problemas. Algum dia me ajudará a comprar minha liberdade e ter de volta minha fazenda.'

"O tempo foi passando, e Nana-naid tornou-se cada vez mais ansioso pelo meu retorno após a venda dos bolinhos. Ele ficava me esperando e avidamente contava e dividia nosso dinheiro. Chegou a instar comigo para que visitasse praças mais distantes e aumentasse as vendas.

"Frequentemente, eu ia além dos portões da cidade para atender os inspetores dos escravos que construíam as muralhas. Eu odiava aquelas desagradáveis visões, mas achei entre os inspetores fregueses liberais. Um dia fiquei surpreso ao ver Zabado esperando numa fila para encher o cesto com tijolos. Ele estava pálido e alquebrado, as costas cobertas de chagas e lanhaduras devido ao chicote dos inspetores. Tive pena dele e estendi-lhe um bolinho que ele devorou imediatamente como um animal faminto. Percebendo seu olhar guloso, corri antes que me arrebatasse a bandeja.

"'Por que trabalha tão arduamente?', perguntou-me um dia Arad Gula. Quase a mesma pergunta que você me fez hoje, lembra-se? Contei-lhe o que Megiddo dissera sobre o trabalho e como este estava provando ser meu melhor amigo. Mostrei-lhe com orgulho meu alforje repleto de moedas, acrescentando que economizava a fim de comprar minha liberdade.

"'Quando estiver livre, o que fará?', quis saber seu avô.

"'Bem', respondi, 'tenciono tornar-me comerciante.'

"Foi aí que ele me confidenciou uma coisa de que eu nunca tinha suspeitado. 'Aposto que não sabe que sou também um escravo. Formei uma sociedade com o meu amo.'"

— Alto lá! — interveio Hadan Gula. — Não ouvirei mentiras que ultrajem meu avô. Ele não foi escravo. — Seus olhos faiscavam de raiva.

Sharru Nada manteve-se calmo.

— Respeito seu avô por ter superado o infortúnio, tornando-se um cidadão proeminente em Damasco. Acha que você, seu neto, é feito do mesmo molde? É homem suficiente para encarar a verdade ou prefere viver alimentando falsas ilusões?

Hadan Gula endireitou-se na sela. Numa voz sufocada por profunda emoção, replicou:

— Meu avô foi estimado por todos. Seus dons eram incontáveis. Numa época de fome, foi seu ouro que comprou cereais no Egito, foi sua caravana que os trouxe para Damasco, distribuindo-os para que as pessoas não morressem de inanição. Agora você está me dizendo que ele não passava de um desprezível escravo na Babilônia.

— Tivesse permanecido como escravo na Babilônia, teria muito bem podido ser desprezível. Quando, porém, através de seus próprios esforços, tornou-se um grande homem em Damasco, os deuses realmente condoeram-se de seus infortúnios e dedicaram-lhe todo o respeito celeste.

"Depois de ter me contado que era um escravo", continuou Sharru Nada, "explicou como estivera ansioso para ganhar sua liberdade. Agora que tinha o dinheiro para comprá-la estava muito confuso quanto ao que devia fazer. Havia muito não fazia boas vendas e temia deixar a proteção de seu amo.

"Condenei sua indecisão: 'Não fique grudado por muito tempo a seu amo. Experimente novamente a sensação de ser um homem livre. Aja e obtenha êxito como um homem livre! Decida o que deseja realizar, e então o trabalho o ajudará a fazê-lo!' Ele seguiu seu caminho, dizendo estar contente por eu tê-lo censurado por sua covardia.*

"Um dia fui novamente além dos portões da cidade e fiquei surpreso ao encontrar uma multidão compacta ali reunida. Tentei informar-me a respeito, e um homem me disse: 'Então não soube? Um escravo fugido que matou um dos guardas do rei foi trazido para a justiça e ainda hoje será açoitado até a morte por seu crime. O próprio rei estará aqui em pessoa.'

"O ajuntamento era tão cerrado em volta do pelourinho que temi aproximar-me sem que minha bandeja de bolinhos de mel não fosse atirada para o alto. Subi por isso a um recanto em obras da muralha de onde podia ver acima das cabeças das pessoas. Pude ter dali uma ótima visão do próprio Nabucodonosor conduzindo seu carro de ouro. Nunca tinha contemplado tanta grandeza, túnicas tão magníficas e cortinas de tecido dourado e veludo.

"Eu não podia ver o castigo, embora conseguisse ouvir os gritos lancinantes do pobre escravo. Admirava-me que alguém tão nobre como o nosso magnífico rei tivesse condições de apreciar aquele sofrimento, mas, quando vi que ele estava rindo e brincando com os cortesãos, percebi que ele era cruel e compreendi por que tarefas tão desumanas eram exigidas dos escravos que construíam as muralhas.

"Depois que o escravo morreu, seu corpo foi preso a um poste de madeira por uma corda ligada a um de seus pés para que todos pudessem ver. Como a multidão começava a desfazer-se, cheguei mais perto. Sobre o peito cabeludo do supliciado reconheci a tatuagem das duas serpentes entrelaçadas. Era Pirata.

---

* Os costumes dos escravos na antiga Babilônia, ainda que possam parecer inconsistentes para nós, eram rigorosamente regulados pela lei. Por exemplo, um escravo podia ter sua própria propriedade e até outros escravos sobre os quais seu amo não tinha qualquer direito. Escravos casavam-se livremente com não escravos. Filhos de mães livres eram livres. Os comerciantes da cidade, na maioria, eram escravos. Muitos destes formavam sociedade com seus amos e eram ricos de pleno direito.

"Quando encontrei Arad Gula novamente, ele era um homem mudado. Cumprimentou-me cheio de entusiasmo: 'Veja, o escravo que você conheceu é agora um homem livre. Havia mágica em suas palavras. Minhas vendas e meus lucros cresceram. Minha esposa não cabe em si de contente. Ela era uma mulher livre, sobrinha de meu amo. Ela deseja bastante que nos mudemos para outra cidade, onde ninguém saiba que já fui um escravo. Desse modo, nossos filhos estarão livres de censuras devido ao infortúnio do pai. O trabalho se tornou meu melhor esteio. Capacitou-me a recuperar a confiança e minha habilidade de vender.'

"Fiquei satisfeito em ter podido pagar-lhe, ainda que de modo tão simples, o encorajamento que ele tinha me dado.

"Uma noite, Swasti me procurou profundamente abalada: 'Seu amo está com problemas. Temo por ele. Há alguns meses vem perdendo grandes somas nas mesas de jogo. Não está pagando ao fazendeiro pelos cereais nem pelo mel. Não está pagando ao emprestador de dinheiro. Eles estão revoltados e ameaçam-no.'

"'Por que devemos nos preocupar com suas loucuras? Não somos responsáveis por ele', respondi sem pensar.

"'Jovem desmiolado, não está entendendo? Ele deu ao emprestador de dinheiro seu título de propriedade para garantir o empréstimo. Segundo a lei, o homem pode reclamá-lo e vendê-lo. Não sei o que fazer. Ele é um bom amo. Por quê? Por que tais problemas vieram cair sobre ele?'

"Os temores de Swasti não eram sem fundamento. Enquanto me achava assando o pão na manhã seguinte, o emprestador de dinheiro voltou com um homem chamado Sasi. Esse homem me examinou e disse que eu servia.

"O emprestador de dinheiro não quis esperar o retorno de meu amo, mas incumbiu Swasti de dizer-lhe que tinha me levado. Sem levar comigo senão a túnica que estava vestindo e o meu alforje com as moedas de cobre preso ao cinto, apressaram-me a deixar o local, os pães ainda assando no forno.

"Fora arrancado das minhas mais queridas esperanças como o furacão desenraíza a árvore da floresta, atirando-a ao mar encapelado. Novamente uma casa de jogo e bebidas alcoólicas causavam minha desgraça.

"Sasi era um homem rude e grosseiro. Quando cruzava comigo a cidade, falei-lhe sobre os bons serviços que tinha prestado a Nana-naid e disse-lhe que ele poderia esperar o mesmo tratamento. Sua resposta foi totalmente desencorajadora.

"'Não gosto deste trabalho. Meu amo não gosta dele. O rei determinou que ele me destinasse à construção de uma seção do Grande Canal. O amo me pediu que comprasse mais escravos, trabalhasse arduamente e acabasse rápido com a obra. Ora, como pode algum homem acabar rapidamente uma obra grande como aquela?'

"Imagine um deserto sem árvore alguma, apenas pequenos arbustos e um Sol queimando com tal fúria que a água em nossos barris já não prestava, de tão quente, para matar nossa sede. Imagine agora filas de homens descendo aos profundos buracos escavados e dali trazendo pesados cestos de areia fofa através de caminhos poeirentos, da manhã até a noite. Imagine a comida servida em gamelas onde todos comiam juntos, como porcos. Não tínhamos tendas nem palha para as camas. Foi essa a situação em que me achei. Enterrei meu alforje num lugar marcado, meio descrente de que no futuro viesse a desencavá-lo.

"Nos primeiros tempos trabalhei com boa vontade, mas, à medida que os meses se arrastavam, senti meu ânimo fraquejar. Então a febre tomou conta do meu corpo exausto. Perdi o apetite e mal podia levar à boca pedaços de carneiro e verduras. À noite via-me completamente vencido pela insônia.

"Em minha desgraça perguntava-me se o plano de Zabado não era mesmo o melhor, fazer corpo mole para não condenar o próprio corpo ao esmorecimento. Depois lembrei-me da última visão que tive dele e convenci-me de que o velho camarada estava errado.

"Meus pensamentos voltaram-se para Pirata e toda aquela amargura, e me perguntei se também podia ser justo brigar e matar. A recordação de seu corpo ensanguentado me mostrou que seu plano não tinha a menor serventia.

"Lembrei-me então da última vez em que vi Megiddo. Suas mãos mostravam calos imensos devido a trabalho árduo, mas seu coração era leve e havia contentamento em seu rosto. Seu plano era o melhor.

"Mas eu tinha tanta disposição para o trabalho quanto Megiddo; ele não podia ter trabalhado tão duro quanto eu. Por que o meu trabalho não me trouxe felicidade e sucesso? Era o trabalho que trazia felicidade a Megiddo ou isso acontecia devido à intervenção dos deuses? Estaria escrito que eu devia trabalhar a vida inteira sem a satisfação de meus desejos, sem felicidade ou sucesso? Todas essas questões misturavam-se em minha cabeça, e eu não encontrava uma resposta sequer. Realmente, eu me achava lamentavelmente confuso.

"Vários dias depois, quando já parecia que me encontrava no limite de minha resistência, ainda sem atinar com qualquer solução, Sasi me procurou. Um mensageiro veio em nome de meu mestre buscar-me para me levar de volta à Babilônia. Desenterrei meu precioso alforje, enrolei-me nos restos andrajosos de minha túnica e segui caminho, montado atrás do mensageiro.

"À medida que progredíamos, os mesmos pensamentos de um furacão atirando-me de um lado para outro assaltaram meu cérebro nervoso. Eu parecia estar vivendo as misteriosas palavras de uma canção de Harroun, minha cidade natal:

Atacando um homem como um redemoinho,
Conduzindo-o como uma tempestade,
Cujo curso ninguém pode seguir,
Cujo destino ninguém pode prever.

"Estava destinado a ser sempre punido em razão de algo que desconhecia? Que novas desgraças e decepções me aguardavam?

"Quando entramos no pátio da casa de meu mestre, imagine minha surpresa quando vi Arad Gula me esperando. Ele me ajudou a apear e me abraçou como a um irmão há muito desaparecido.

"Quando nos pusemos a andar em direção ao interior da casa, quis ir atrás dele como um escravo deve seguir o amo, mas ele não me permitiu fazê-lo. Passou o braço pelo meu ombro, dizendo: 'Procurei-o por toda a parte. Quando já me dava por vencido, encontrei Swasti, que me falou sobre o emprestador de dinheiro, que me conduziu até seu nobre dono. As negociações foram difíceis, por causa dele, que ainda me fez pagar um preço exorbitante, mas você merecia todos os sacrifícios. Sua filosofia e iniciativa foram minha inspiração para esse novo sucesso.'

"'A filosofia de Megiddo, não minha', atalhei.

"'A filosofia de Megiddo e sua. Graças a ambos, estamos indo a Damasco, e eu preciso de você como meu sócio. Veja', exclamou ele, 'em um momento você será um homem livre!' Dizendo isso, retirou de sob a túnica a tabuinha de argila onde estava gravado meu título de propriedade. Levantou-a acima da cabeça e arremessou-a contra o chão de pedras. Com satisfação, esmagou com os pés os fragmentos até que se reduzissem a pó.

"Lágrimas de gratidão encheram-me os olhos. Eu sabia que era o homem de mais sorte na Babilônia.

"Como vê, o trabalho, no tempo de minhas maiores desgraças, provou ser meu melhor amigo. Minha disposição para o serviço capacitou-me a escapar de ser vendido para fazer parte das turmas de escravos nas muralhas. Isso também impressionou seu avô, que me escolheu como seu sócio."

— O trabalho é a chave secreta de meu avô para os seus siclos de ouro? — perguntou Hadan Gula.

— Era a única chave que ele possuía quando o conheci — replicou Sharru Nada. — Seu avô adorava o trabalho. Os deuses apreciaram seus esforços e o recompensaram com liberalidade.

— Começo a ver — disse Hadan Gula, pensativo. — O trabalho atraiu seus muitos amigos, que admiraram sua diligência e o sucesso que isso trouxe. O trabalho trouxe-lhe o respeito de que tanto gozou em Damasco. O trabalho trouxe-lhe todas essas coisas que aprovei. E eu que achava que o trabalho somente convinha a escravos.

— A vida é repleta de prazeres que os homens podem gozar — comentou Sharru Nada. — Cada um deles tem o seu lugar. Fico contente com que o trabalho não esteja restrito a escravos. Fosse assim, eu me veria privado de meu maior prazer. Não há nada que me dê uma soma maior de satisfação do que o trabalho.

Sharru Nada e Hadan Gula seguiram cobertos pelas sombras das muralhas torreadas até os maciços portões de bronze da Babilônia. À aproximação deles, os guardas ali postados tiveram a atenção despertada e respeitosamente saudaram um honrado cidadão. Com a cabeça erguida, Sharru Nada passou com sua grande caravana pelos portões e subiu as ruas da cidade.

— Sempre aspirei a tornar-me um homem como meu avô — confidenciou-lhe Hadan Gula. — Nunca tinha percebido o tipo de homem que ele foi. Você me mostrou isso. Agora que compreendo, admiro-o ainda mais e sinto-me muito mais determinado a ser como ele. Temo que nunca lhe poderei pagar por ter me dado a verdadeira chave do sucesso dele. Daqui por diante usarei essa chave. Quero começar de maneira humilde, como ele, que convém à minha verdadeira posição muito mais do que joias e roupas finas.

Assim dizendo, Hadan Gula arrancou as bugigangas que lhe pendiam das orelhas e os anéis que lhe enfeitavam os dedos da mão. Freando o cavalo, foi ficando um pouco para trás, até que voltou a seguir em frente, cheio de respeito, mas atrás do líder da caravana.

UM ESBOÇO HISTÓRICO DA BABILÔNIA

Nas páginas de História não existem cidades mais glamorosas do que a Babilônia. Seu próprio nome evoca visões de riqueza e esplendor. Seus tesouros de ouro e joias eram fabulosos. Alguém logo imaginaria que uma cidade próspera como essa só poderia estar situada numa pujante região tropical, cercada de ricos recursos naturais, como florestas e minas. Pois não era o caso. Ela estava localizada junto ao rio Eufrates, num extenso e árido vale. Não tinha florestas nem minas — e muito menos pedras para construção. Não se achava sequer próxima a uma daquelas estradas comerciais da época. Como se não bastasse, a chuva era minguada para o cultivo de grãos.

A Babilônia é um impressionante exemplo da capacidade do homem para alcançar grandes objetivos, utilizando o que quer que esteja à disposição. Todos os recursos que sustentavam essa grande cidade foram desenvolvidos pelo homem. Todas as suas riquezas foram por ele produzidas.

A Babilônia possuía apenas dois recursos naturais — um solo fértil e a água do rio. Numa das maiores realizações de todos os tempos, os engenheiros da Babilônia desviaram as águas do rio por meio de represas e imensos canais de irrigação. Cruzando grandes distâncias através do vale árido, esses canais despejavam suas águas revigorantes sobre o solo fértil. Isso se coloca entre as primeiras façanhas da engenharia conhecidas na História. Abundantes colheitas foram a recompensa por esse sistema de irrigação que o mundo nunca tinha visto antes.

Felizmente, durante sua longa existência, a Babilônia foi governada por sucessivas linhagens de reis para quem conquistar e pilhar não passavam de situações episódicas. Embora se tivesse empenhado em muitas guerras, a maioria era de natureza local e na maior parte das vezes buscavam conter a investida de ambiciosos conquistadores de outras regiões que cobiçavam seus fabulosos tesouros. Os magníficos governantes da Babilônia ganharam um lugar na História por causa de sua sabedoria, espírito de iniciativa e justiça. A Babilônia não produziu monarcas pomposos que ansiassem por conquistar o mundo conhecido para que todas as nações pudessem homenagear seu egotismo.

Como cidade, a Babilônia não existe mais. Quando essas estimulantes forças humanas que a construíram e mantiveram por milhares de anos se dissiparam, ela logo se tornou uma ruína desabitada. Sua localização fica na Ásia, a cerca de 600 milhas a leste do Canal de Suez, bem ao norte do golfo Pérsico. Sua latitude é mais ou menos 30 graus acima do Equador, praticamente a mesma de Yuma, no Arizona. O clima é parecido com o dessa cidade americana, quente e seco.

Hoje, o vale do Eufrates, antes uma populosa região de próspera agricultura, não passa de um deserto árido batido pelo vento. Uma vegetação rala de arbustos luta para sobreviver contra as tempestades de areia. Lá se foram os campos férteis, as gigantescas cidades e as grandes caravanas de ricas mercadorias. Bandos nômades de árabes, levando uma vida difícil com seus pequenos rebanhos, são seus únicos habitantes. Tem sido assim desde o começo da era cristã.

Colinas de terra semeiam o vale. Durante séculos, os viajantes acostumaram-se a considerá-las desse modo. A atenção dos arqueólogos foi finalmente despertada devido a pedaços de cerâmica e de tijolos que começaram a aparecer depois de ocasionais aguaceiros. Expedições financiadas por museus americanos e europeus foram enviadas ao local para fazer escavações e ver o que podia ser achado.

Pás e picaretas logo provaram que essas colinas eram antigas cidades. Cidades sepultadas, não haveria talvez melhor expressão para elas. A Babilônia era um desses achados. Durante algo em torno de vinte séculos, os ventos espalharam sobre ela a poeira do deserto. Construídas originalmente de tijolos, suas muralhas muito expostas tinham se desintegrado, caindo mais uma vez por terra. Assim é a Babilônia, a faustosa cidade, em nossos dias. Um amontoado de sujeira por tanto tempo abandonado que nenhuma pessoa viva chegou sequer a saber seu nome, até que foi descoberta através da cuidadosa remoção dos restos seculares de ruas e dos escombros de seus nobres templos e palácios.

Muitos cientistas consideram a civilização babilônica e a de outras cidades no vale como as mais antigas entre aquelas que possuem um registro definido. Datas positivas assinalam um recuo de oito mil anos. Um fato interessante nessa conexão é o meio usado para determinar essas datas. Soterradas nas ruínas da Babilônia, encontraram-se descrições de um eclipse do Sol. Astrônomos modernos calcularam prontamente a época em que tal eclipse, visível na Babilônia, ocorreu e então estabeleceram uma conhecida relação entre o calendário deles e o nosso.

Conseguimos portanto provar que há oito mil anos os sumerianos, que habitaram a Babilônia, viveram em cidades muradas. Mas só podemos conjeturar sobre quantos séculos antes essas cidades existiram. Seus habitantes não eram meros bárbaros vivendo dentro de suas muralhas protetoras. Eram um povo culto e educado. Até onde pelo menos a história escrita pode chegar, eles foram os primeiros engenheiros, os primeiros astrônomos, os primeiros matemáticos, os primeiros financistas e o primeiro povo a ter uma linguagem escrita.

Já fizemos menção aos sistemas de irrigação que transformaram o vale árido num paraíso agrícola. O que restou desses canais pode ainda ser acompanhado, embora quase todos estejam completamente cobertos pela areia acumulada. Alguns eram tão grandes que, quando sem água, uma dúzia de cavalos poderia correr lado a lado sobre o seu leito. Em tamanho, não ficam nada a dever aos maiores canais dos Estados Unidos.

Além de irrigarem as terras do vale, os engenheiros babilônicos realizaram um outro projeto de similar magnitude. Por meio de um sofisticado sistema de drenagem, recuperaram para o cultivo uma imensa área pantanosa na foz dos rios Tigre e Eufrates.

Heródoto, viajante e historiador grego, visitou a Babilônia em pleno apogeu da cidade e deu-nos a única descrição que conhecemos feita por um estrangeiro. Seus escritos fornecem um panorama gráfico da cidade e mencionam alguns dos extraordinários costumes de seu povo, além dos comentários sobre a notável fertilidade do solo e as abundantes colheitas de trigo e cevada.

A glória da Babilônia desapareceu, mas sua sabedoria foi preservada para nós. Por isso, estamos em dívida com sua forma de registros. Naqueles distantes dias, o papel ainda não tinha sido inventado. Em seu lugar, os babilônios gravavam laboriosamente seus escritos sobre tabuinhas de argila úmida. Em seguida, as tábuas eram cozidas e tornavam-se uma telha dura. Mediam em geral cerca de 15 por 20 centímetros e dois centímetros de espessura.

Essas tabuinhas de argila, como eram comumente chamadas, tinham um uso tão disseminado quanto o têm hoje nossas modernas formas de escrita. Os habitantes gravavam sobre as tabuinhas lendas, poesias, histórias, transcrições dos decretos reais, as leis da terra, títulos de propriedade, notas promissórias e até cartas que mensageiros levavam a cidades distantes. Por meio delas, temos condições de reconstituir diversos aspectos da vida íntima e pessoal do povo. Uma tabuinha, por exemplo, evidentemente saída de um armazém, registra que na data assinalada um determinado cliente trouxe ao comerciante uma vaca, trocando-a por sete sacas de trigo, três entregues na hora, e as quatro restantes, reservadas para quando o cliente quisesse apanhá-las.

Conservadas intactas sob os destroços das cidades, os arqueólogos recuperaram bibliotecas inteiras dessas tabuinhas, centenas de milhares delas.

Uma das mais notáveis maravilhas da Babilônia eram as imensas muralhas que cercavam a cidade. Os antigos classificam-nas, como a grande pirâmide do Egito, entre "as sete maravilhas do mundo". Atribui-se à rainha Semíramis a construção das primeiras muralhas durante os primórdios da cidade. Modernos escavadores não conseguiram achar qualquer traço das muralhas originais. Não sabemos nem mesmo quanto mediam de altura. Segundo menção dos primeiros escritores, estima-se que tivessem entre 15 e 18 metros de altura, voltadas para o lado de fora com seus tijolos queimados e, além disso, protegidas por um profundo fosso de água.

As muralhas mais recentes e mais famosas foram iniciadas cerca de 600 anos antes de Cristo pelo rei Nabopolassar. Era de tal envergadura seu projeto de reconstrução que ele não viveu o suficiente para ver a obra concluída. Esta foi continuada por seu filho, Nabucodonosor, cujo nome é bastante familiar na história bíblica.

A altura e a extensão dessas últimas muralhas desafiam a própria credulidade. Autores idôneos julgam que elas alcançassem a altura de 45 metros, o equivalente a um moderno prédio de escritórios de 15 andares. Sua extensão total estaria estimada entre 15 e 20 quilômetros. Tão amplo era o topo que uma carruagem de seis cavalos podia ser conduzida sobre ele. Muito pouco resta agora dessa tremenda estrutura — alguns pedaços das fundações e o fosso. Além das devastações provocadas pelos elementos naturais, os árabes completaram a destruição, carregando os tijolos para construírem suas casas.

Contra as muralhas da Babilônia marcharam, sucessivamente, os exércitos vitoriosos de quase todos os triunfadores dessa época de guerras de conquista. Uma hoste de reis assediou Babilônia, mas sempre em vão. E não se deve considerar levianamente os exércitos daqueles dias. Historiadores referem que tais unidades contavam com dez mil cavaleiros, 25 mil carros de guerra, 1.200 regimentos de soldados a pé, cada regimento reunindo mil homens. Compreende-se que se precisasse de dois ou três anos de preparação para organizar os materiais de guerra e conseguir provisões suficientes para os propósitos das expedições.

A Babilônia parecia organizada como uma cidade moderna. Havia ruas e lojas. Vendedores ambulantes ofereciam suas mercadorias através dos distritos residenciais. Sacerdotes oficiavam em magníficos templos. Dentro da cidade havia um encrave cercado para os palácios reais, com muros tão altos, segundo se diz, como as muralhas que circundavam a própria cidade.

Os babilônios eram hábeis nas artes. Estas incluíam a escultura, a pintura, a tecelagem, a ourivesaria, a manufatura de armas e os implementos agrícolas. Seus joalheiros criaram objetos belos e artísticos. Muitas amostras foram recuperadas das sepulturas de seus ricos cidadãos e podem agora ser vistas nos principais museus do mundo.

Num período realmente remoto em que o restante do mundo ainda estava cortando árvores com machados de pedra, ou usando na caça e na guerra lanças e flechas com pontas de sílex, os babilônios já conheciam machados, lanças e flechas com pontas de metal.

Os babilônios eram financistas e homens de negócios talentosos. Até onde podemos saber, foram os inventores do dinheiro como meio de troca, das notas promissórias e dos títulos de propriedade escritos.

A Babilônia nunca foi invadida por exércitos hostis até cerca de 540 anos antes do nascimento de Cristo. Mesmo então suas muralhas não foram tomadas. A história da queda da Babilônia é mais extraordinário. Ciro, um dos maiores conquistadores daquele período, pretendia atacar a cidade e esperava vencer suas muralhas inexpugnáveis. Conselheiros de Nabônido, o rei da Babilônia, persuadiram-no a sair ao encontro de Ciro e dar-lhe combate sem esperar que a cidade fosse sitiada. Derrotado o exército babilônico, este abandonou a cidade. Consequentemente, Ciro encontrou os portões abertos e os transpôs sem qualquer resistência.

A partir daí o poder e o prestígio da cidade foram aos poucos minguando, até que, no curso de algumas centenas de anos, ela se viu finalmente abandonada, entregue à própria sorte, transformada mais uma vez, pelos ventos e tempestades, na terra deserta sobre a qual sua grandeza fora originalmente construída. A Babilônia caiu, nunca mais se ergueu, mas nossa civilização tem grandes dívidas com ela.

Os éons do tempo cobriram de areia os altivos muros de seus templos, mas a sabedoria da Babilônia permanece.

Este livro foi impresso em 2024, pela Braspor Gráfica, para a HarperCollins Brasil. O papel do miolo é pólen bold 90g/m² e o da capa é couchê brilho 150g/m²

Nedjmi
T. Skarrieh
Biana?
Kout el Ameileh
Kout el Amara
(Apamea?)
Mend
Djanam
Zibleieh
Koubeidan
Afrin
el Haï
Nifer
Serasoubli
Kout el Haï
Terain
Muxirithy
Moureba
Tell Maragda
Antakiah
Abou Ghannet
Oasit
Lamloun
Tell Eid
Safani
Djaouach
J. Arciad
Senkereh
O. Akleh
Tell Sifr
Semaouah
Karmullah
el Chidr
mountefik
Ana

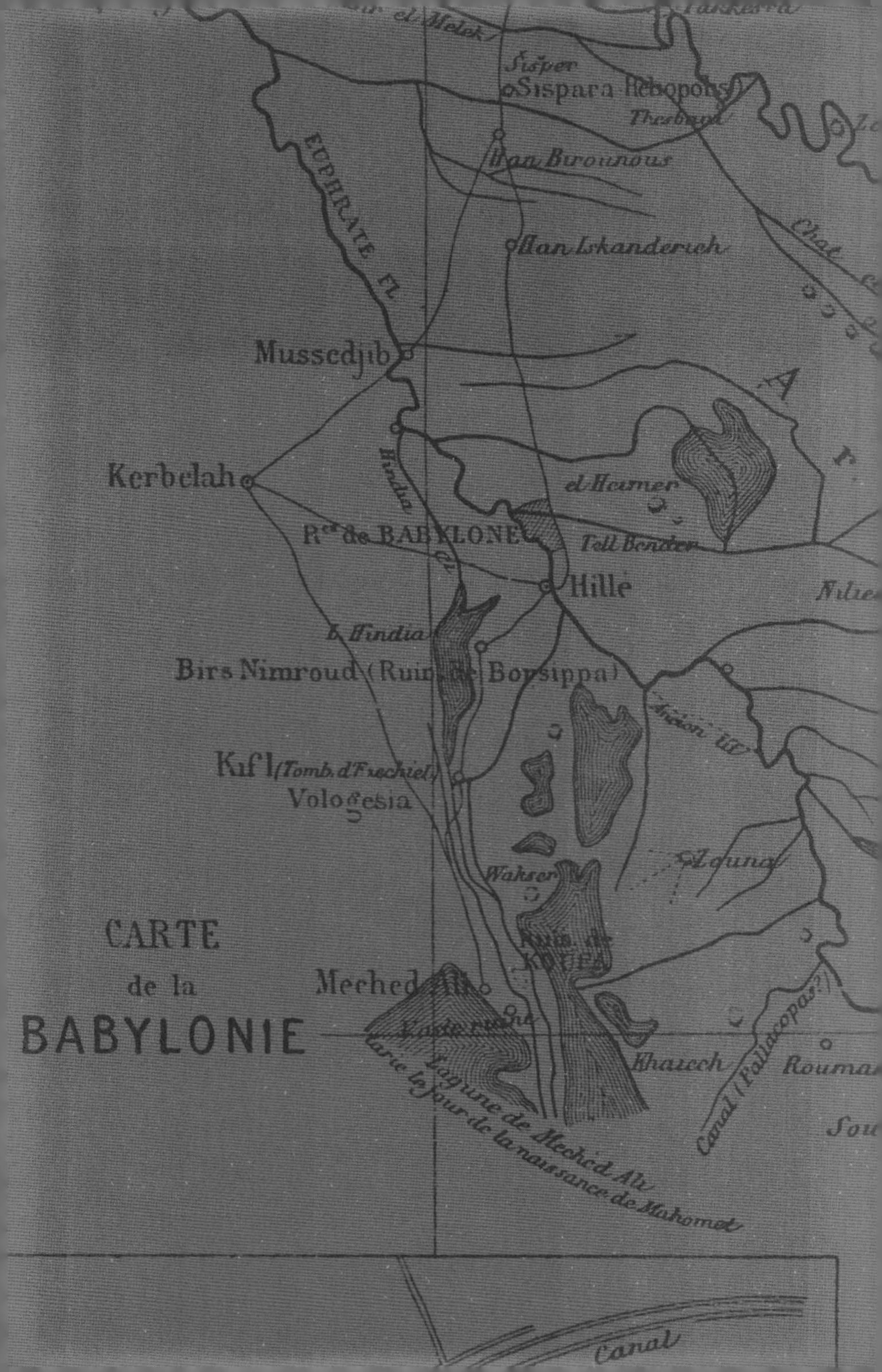
CARTE
de la
BABYLONIE
Sispara Heliopolis
Sisper
Khan Birounous
Khan Iskanderieh
EUPHRATE Fl.
Mussedjib
Kerbelah
Hindia
el Heimer
Rᵉˢ de BABYLONE
Tell Bender
Hille
L. Hindia
Birs Nimroud (Ruins de Borsippa)
Kifl (Tomb. d'Ezechiel)
Vologesia
Zouna
Wakser
Ruins de KOUFA
Meched Ali
Khaiech
Lagune de Meched Ali
tarie le jour de la naissance de Mahomet
Canal (Pallacopas?)
Chat
Canal